風間八宏の戦術バイブル

サッカーを「フォーメーション」で語るな

TACTICS BIBLE

YAHIRO KAZAMA

風間八宏

幻冬舎

風間八宏の
戦術バイブル

サッカーを
「フォーメーション」で語るな

TACTICS
BIBLE

YAHIRO KAZAMA

まえがき

サッカーの試合では、たった1つの意識で展開がガラリと変わることがあります。

私が代表を務めるトラウムSV旭川の練習試合へ行ったときのことでした。

前半は選手たちがボールは持てているものの、バックパスや横パスが多いために相手の陣形を崩せておらず、いわゆる「ボールを持たされている状態」になっていました。焦るトラウムの選手たちを横目に、相手はいい形でボールを奪い、おもしろいようにカウンターからチャンスを作っていました。

トラウムは中学生年代のチームで、相手はある高校サッカー部の1・2年生チームなので、両チームの間には年齢差、体格差がありました。しかし、それは言い訳にはなりません。うわべの体格に目を奪われていたら、特別な選手になることなどできないからです。

185㎝のロベルト・レバンドフスキ（バイエルン）や194㎝のアーリング・ハーランド（ドルトムント）を見てください。彼らは身長こそ高いですが、試合ではほとんど相手に体を当てられていません。パワーや高さに頼ったプレーをせず、立ち位置の工夫や動き出しのタイミングで勝負しているのです。得点シーンを見ると、守備者がレバンドフスキやハーランドを見失ってしまっていることが非常に多い。

１７０㎝の大久保嘉人が２０１３年から3年連続でＪリーグ得点王になったのは、まさにレバンドフスキやハーランドと同じような動きをゴール前でしていたからでした。この３人にはストライカーとして共通点があるのです。

ハーフタイムにトラウムの選手がベンチに戻ってきたとき、私はこうアドバイスしました。

「ただボールを回しても相手は怖くないぞ。たとえ相手10人に守られても、１人を崩せばゴールになる。全員が相手のセンターバックを常に見ておけ。ちゃんとセンターバックを攻撃しよう！」

相手センターバックの攻撃法はいろいろあるのですが（1章で詳しく紹介したいと思います）、このときは時間が限られていたので単に「センターバックを見ろ」「センターバックを意識しろ」とだけ伝えました。ようは、みんなの第一優先を敵センターバックに置こうということです。

そうするとピッチで何が起きるのか？

パスの受け手は敵センターバック近くでフリーになろうとし、パスの出し手はそこへパスを供給しようとする。つまり相手ゴールへの仕掛けがめちゃくちゃ速くなります。敵センターバックからすると、常に自分が狙われ、頭をフル回転させなければならないと感じるでしょう。

この試合もその通りになりました。

トラウムのゴール前に迫るスピードがいきなり上がったので、センターバックはパニックになっていました。ゴール前にどんどんパスが来るので、センターバックは下がらざるをえなくなり、そうなると全体が下がって陣形が崩れる。トラウムのゴールが決まり、年上のチームに勝利することができました。

この指示を言い換えると、次のようになります。

「場所を攻撃するな。人を攻撃しろ」

よくサッカーの中継を見ていると、左サイドから何%、中央から何%、右サイドから何%攻撃したという数字が示されますよね？　でも、「場所」を攻撃しても相手が動いて対応したらゴールは奪えないんですよ。最終的にゴール前では「人」を攻略しなければなりません。

日本サッカー界はヨーロッパや南米から「知識」を学ぶ姿勢を持ち続け、1993年にJリーグというプロリーグが誕生して以降、劇的に進化してきたと思います。

しかし、膨大な「知識」を手に入れた一方で、「知恵」を身につけたり磨いたりすることが疎かになっていないでしょうか。本質からずれてしまっていると感じるのは「チーム戦術」の話ばかりになっていることです。

4－3－3、3－5－2といったシステムや、誰がどう動くかといったパターンは、チームにとって共通理解になります。ピッチを5分割して5レーンに分けるのも、監督が場所を説明するうえでわかりやすくなるでしょう。

ただ、それらはチーム内で共通のイメージを描く拠り所にすぎません。個人がどうボールを扱えるか、どんな発想を持っているかで、ピッチで実現されるプレーはまったくの別物になります。

戦術というのは、「個人戦術」「グループ戦術」「チーム戦術」がつながって成り立っています。つまり個人からチームまで行ったり来たりして考えなければならない。「チーム戦術」だけを取り出して考えると、机上の空論になってしまいます。

冒頭に示した「センターバックを攻撃する」を例に挙げてみましょう。

ＦＷが敵センターバックの視野の死角（背中側）に走り込む動きは「個人戦術」にあたります。私は「背中を取る動き」と呼んでいます。レバンドフスキ、ハーランド、大久保嘉人はこの動きが非常にうまい。守備者がボールを見ているうちに姿を消す。まるで忍者ですよね。

ただし、その動きでＦＷがフリーになれるのは一瞬です。敵は動き直して再びマークについてくるからです。つまり出し手のパスと受け手の動きのタイミングを合わせなければなりません。これが「グループ戦術」ですね。出し手がピタリとボールを止めて顔を上げた瞬間、受け手が動き出すのが定石です。私が川崎フロンターレと名古屋グランパスの監督をしていたときは、出し手と受け手の息を合わせるための練習メニューをたくさん用意していました。

パスと受け手の待ち合わせ場所など、これらの動きを全員でどう実現するかを決めると「チーム戦術」になります。

私はこれまで「止める・蹴る・運ぶ・受ける・外す」という個人技術についての本をたくさん出版してきました。ボールを止めるとは、何でもできる位置にボールの絵柄が見えるくらいに静止させること。なおかつ一番遠くまで蹴ることができ、次の動作に一番速く移ることができるように、ボールを自分の場所に置くこと。運ぶとは動きながら次の足でボールをコントロールできる場所に置き続けること、そして目的に向かって最短で行けること。蹴るに関しては、足の指のどこに当てるかを解説した本も書きました。

トラップがずれ、ボールがわずかに体から離れただけで、相手が近づく隙を与えてしまう。一方、トラップがピタリと止まれば、すぐにパスを出すことができ、プレースピードを速められ、相手の動きを止めることもできる。「止める・蹴る」の正確さが、すべての時間を変えるんです。

川崎フロンターレや名古屋グランパスの選手たちがピッチで体現してくれたことで、多くの方が「止める・蹴る」の意味を理解してくれ始めたと感じています。

個人技術を身につけていなければいくら戦術を論じても意味がないので、これまでは戦術について本を書くのは避けてきました。しかし、「止める・蹴る」の重要性が世の中に伝わったことを受け、次のステップに進んで「戦術」について取り上げることも大切かもしれないと考えるようになりました。

私が考える戦術論は一般的なサッカー本に載っているものとは違うため、最初は戸惑う人もいるかもしれませんが、個人とチームを切り離さない思考に慣れれば、きっと新たな視野が開けるはずです。
真の戦術は、知識ではなく知恵を授けます。
本書が少しでも知恵を得るための助けになれば幸いです。

２０２１年11月

風間八宏

風間八宏の戦術バイブル　目次

第1章 ゴール前で「センターバック」を攻撃する

第2章 ビルドアップは相手を「囲む」

第3章 欧州プレイヤー&クラブ解説

第4章 ボールを奪い切る守備

第5章 川崎フロンターレと名古屋グランパス

第6章 日本サッカーの育成改革

第1章

ゴール前で「センターバック」を攻撃する

ゴールを取るための方法論

ヨーロッパ5大リーグでも、Jリーグでも、新しい監督がチームにやってくると必ず「どんなサッカーをするか」という戦術が話題になると思います。新監督がチーム作りを始めるとき、まず取り掛かるべき戦術は何でしょうか?

失点しないために守備の組織から手をつける監督もいれば、攻撃の主導権を握るためにGKからどうつなぐかを考える監督もいるでしょう。優先順位は人それぞれです。

私の答えははっきりしています。私が新しいチームでまず選手たちに示すのはゴール前で待ち構える相手をどう崩すか、つまり「どうゴールを取るかの方法論」です。

言うまでもなく、サッカーというのは得点数を競い合うスポーツです。いくらポゼッション率を高めても、いくらゴール前に迫っても、得点できなければ試合には勝てません。

逆に言えば、得点の取り方さえチームで共有できていれば、その他の戦術が多少粗くても、「最後の答え」を持っているので選手たちが迷わずに進むことができます。

筑波大学蹴球部の監督になったときも、川崎フロンターレの監督になったときも、名古屋グランパスの監督になったときも、最初に選手たちに伝えたのは「どうゴールを取るかの方法論」でした。

では、具体的にどうしたらゴールを取れるのか？

それがまえがきで触れた「センターバックを攻撃する」なのです。

これがどれだけ大事かを理解するために、まずはそれができていないシーンから見てみましょう。

行き詰まった攻撃の典型例

サッカーの試合を見ていると、敵陣に入って自分たちでボールを持っているのに、なかなかシュートを打てず、どうもゴールが入りそうな気がしない……といった場面をよく目にしますよね。

そういうときは、たいてい攻撃側のチームが敵センターバックに揺さぶりをかけられていません。

たとえば、次のようなシーンです。

図1　悪い攻撃の例

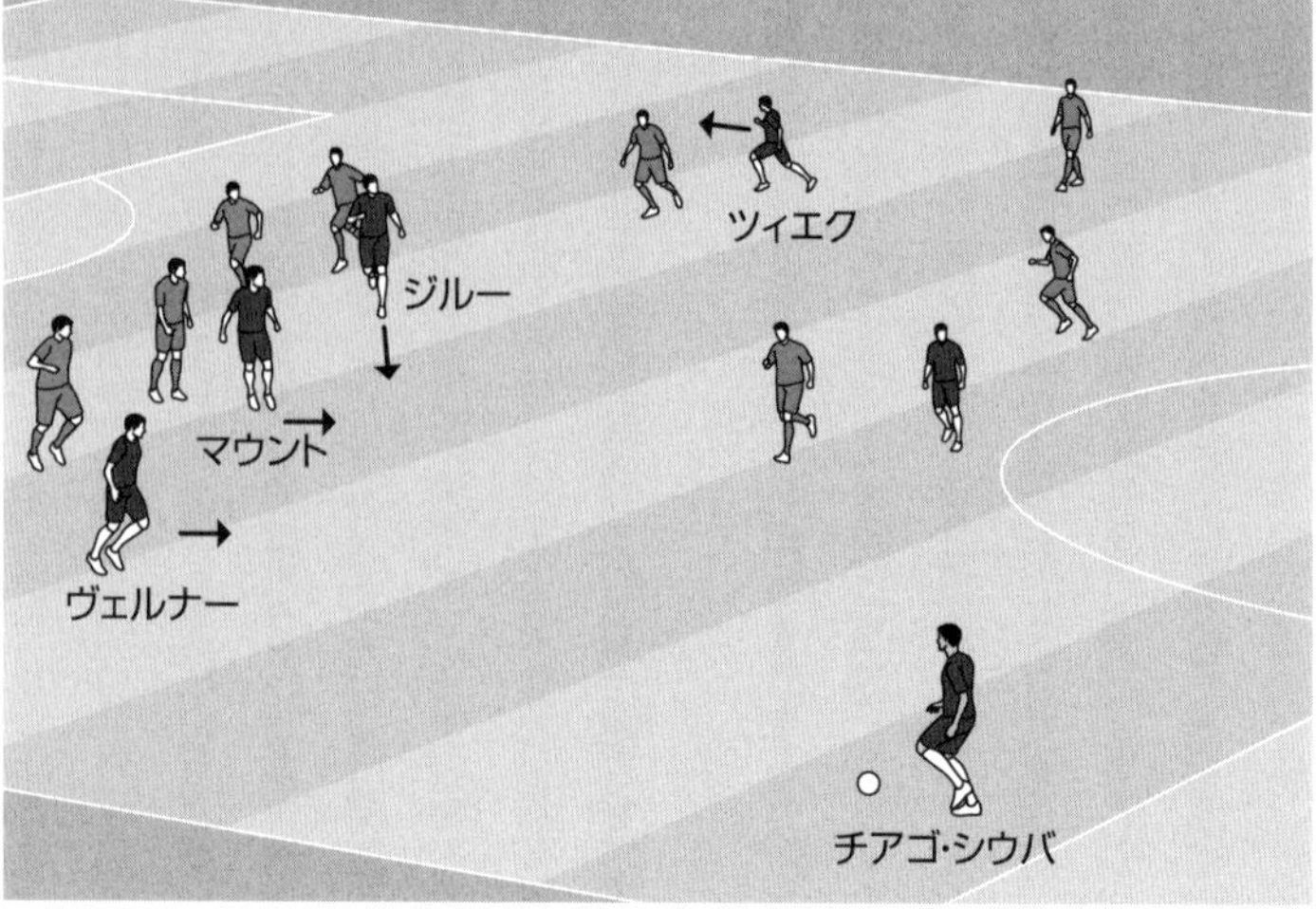

2020年12月、チェルシー対リーズの前半3分の場面。ほとんどの攻撃者が後ろ向きでパスを待ち、相手DFを攻撃できていない。相手は守りやすい。

①攻撃チームが中盤でボールを持ったとき、ＦＷが自陣に顔を向けた状態（＝敵ゴールに背を向けた状態）でパスを要求（図１）。

②守備チームのセンターバックとしては、ＦＷが目の前にいるので簡単に視野に収められる。つまりマークにつきやすい。

③パスコースがなく、攻撃チームは苦し紛れに前線の裏へ長いパスを狙う。

④守備側が簡単にカット。カウンターを仕掛ける。

⑤カウンターが成功して、最初に攻めていたチームが失点。

これは２０２０年12月、チェルシー対

リーズ・ユナイテッドで実際にあったシーンです。チェルシーのチアゴ・シウバが中盤のスペースにドリブルで侵入していきます。しかし前線にいるヴェルナー、マウント、ジルー（現ACミラン）の全員が、敵ゴールに背を向けたまま。チアゴ・シウバはロングパスを選択しましたが、それを読んでいたリーズはカットし、カウンターから先制点を奪いました。

このように攻撃で行き詰まった状態に陥ると、多くのチームがロングボールやサイドからのクロスといった一か八かの「力技」に頼ろうとします。これではルーレットを回すようなものですよね。このシーンでは効果的な攻撃とは言えないでしょう。

ポイントは「前向きの選手」の数

一方、センターバックを攻撃できている例が、2020年12月、マンチェスター・シティ対フラムの一場面です（図2）。

シティのカンセロがジェズスとのワンツーで中央に侵入すると、前線のデ・ブライネ、スターリング、マフレズが一斉に相手ゴールに向かって走り始めます。相手はボ

2020年12月、マンチェスター・シティ対フラムの前半25分の場面。デ・ブライネ、スターリング、マフレズが前向きで走り、相手DFを攻撃できている。

ールウォッチャーになって、前向きに走る3人を捕まえられません。カンセロはスターリングにパス。スターリングがペナルティエリア内で倒されてPKをゲットしました。

2つのシーンの違いは何でしょう。

それは「前向きの選手の数」です。

1つ目のチェルシーの例では、前線にいるのは「後ろ向きの選手」（敵ゴールに背を向けた選手）ばかり。かろうじてファーサイドでツィエクが前を向いているだけです。

2つ目のシティの例では、前線に「前向きの選手」が3人もいる。

前向きの選手が「1人」と「3人」。どちらが相手にとってパスを読みづらいか、言うまでもないですよね。

細かいことは気にせずに言えば、「前向きの選手を数えると、その攻撃がうまくいくかがわかる」のです。私はサッカーを見るときに常にこのポイントを気にしています（正確に言うと、「縦方向のパスやクロスを受けられる位置にいる選手のうち、何人が相手ゴールに向いているか」）。

「前向きの選手」の数がきちんとそろっているほど、「センターバックを攻撃」できることになります。

もちろん、ただ前を向けばいいというわけではありません。後ろを向いたまま棒立ちになるよりはマシですが、何事にも質があります。それはのちほど触れることにしましょう。

センターバックを攻撃する4つの方法

では、具体的にＦＷはどう動けばいいのか。

代表的なのは次のような動きです。

方法1｜裏へ飛び出す

最もシンプルなセンターバックへの攻撃は、裏への飛び出しです。もしパスが通ればビッグチャンスなので、相手に何かしらのリアクションを強いることができます。1人で終わらず、2人、3人と続けば、DFは状況が次々に変化するのですごく嫌ですよね。

ただし、単に裏を狙えばいいというわけではありません。相手の視野内で裏へ飛び出しても動きを見極められ、DFラインをコントロールされてオフサイドにされたり、マークにつかれたりします。工夫が必要でしょう。

その工夫の一つが「相手の背中側に立ち、背中側からスタートする」というやり方です。

方法2｜センターバックの背中側に立つ

センターバックは相手に背中側に立たれると、対応が難しくなります。なぜならボールを見たら攻撃者がどこにいるかわからなくなるし、攻撃者を見たらボールを目で追えなくなるからです。「ボールと相手を同一視野に収められなくなる」のです。

図3　背中を取る動き

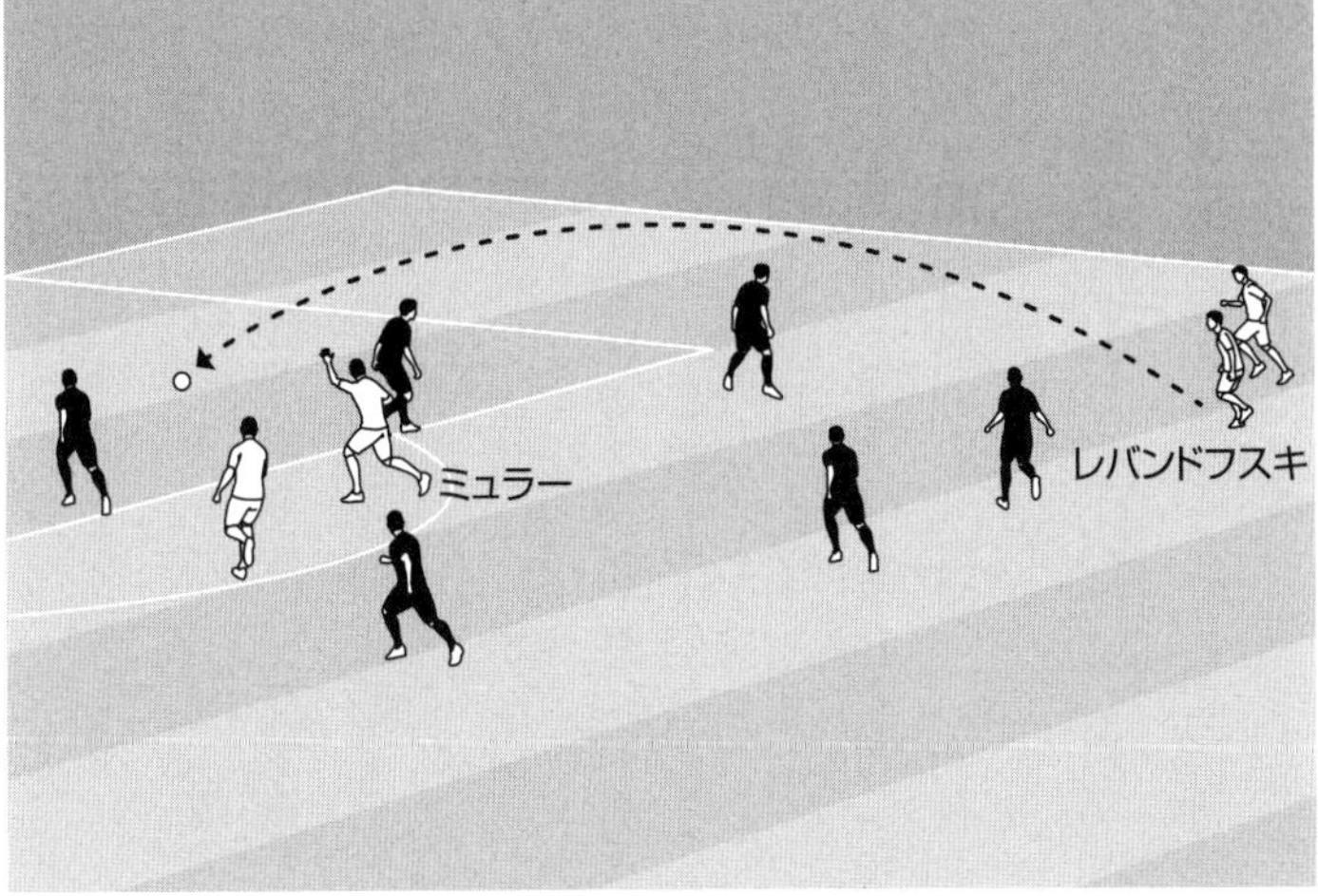

2020年10月、ビーレフェルト対バイエルンの後半6分の場面。相手DFがボールを見た瞬間、ミュラーはそのDFの背中側に走り込んでゴールを決めた。

図3に2020年10月のビーレフェルト対バイエルンの一場面を示しました。

バイエルンのレバンドフスキがサイドでパスを受けてドリブルを始めると、ミュラーは手を挙げながら敵センターバックの背後へ入っていきます。

敵センターバックはミュラーをちらりと見て一瞬どうすべきか躊躇《ちゅうちょ》しますが、ボールから目を離すわけにはいかず、再びレバンドフスキの方に目をやりました。その瞬間、ミュラーは一気にスピードアップして裏へ飛び出し、レバンドフスキからのクロスに合わせてゴール。「背中を取る」ことのお手本のような動きでした。

経験豊富なセンターバックだったら、

1、2歩バックステップしてボールと相手を同一視野に収められる位置に下がったかもしれません。しかし、そうするとDFラインが一直線でなくなり、ギャップ（攻撃者がオフサイドにならずにボールを受けられるスペース）が生まれます。ミュラーのような狡猾《こうかつ》な攻撃者なら、今度はそのギャップを突くでしょう。

こういう「背後を取る」動きにおいて、鍵を握るのが「いつ」動くかです。

この「いつ」というのは、ボール保持者がパスを出せるタイミングのこと。言い換えれば、ボールを止めて蹴ることができる瞬間です。受け手としては、味方がボールを蹴れる瞬間まで敵DFを泳がせておき、もしくは意図的に誘導し、味方の「いつ」に合わせて瞬間的にフリーになる。パスを受けるために「いつ動くか」というタイミングはものすごく大事です。

パスの出し手と受け手がタイミングを合わせる「いつ」については、またあとで詳しく触れたいと思います。

方法3｜センターバックに向かって突っかけ、突然方向を変える

よく「ゴール前にスペースがない」という表現が使われますが、これはサッカー界の最大の誤解だと思います。なぜなら受け手の動き次第で、いくらゴール前で密集し

ていてもスペースを作れるからです。

その方法の一つが「センターバックに向かってぶつかるように突っかけ、突然方向を変える」です。

イメージの中で、守備の実験をしてみましょう。あなたはDFです。突然、相手FWが至近距離から自分に突進してきたら、あなたはどうなりますか？　とっさに身構えてしまうのではないでしょうか。

プロのDFでも似た反応をします。多くの場合、身構えて両足に体重を乗せ、足がそろった状態になります。次の一歩を踏み出すまでに時間がかかる状態です。すぐには足を出せなくなり、（時間的にも空間的にもわずかではありますが）FWがパスを受けられる場所が生まれます。

FWが敵センターバックに向かって突進して相手を身構えさせ、左か右にぱっと離れると一定時間フリーになれる。フェイントで相手の重心移動を操っているわけです。

相手がこちらに正対せず、半身の体勢で対応しようとしても問題ありません。半身だったら「背中側」ができますよね？　それを駆け引きに使うんです。たとえば相手の体の前側に行くと見せかけて、急に方向を変えて背中側に動く。そこへパスが来れば完全にフリーです。背中側に行くと見せかけて、相手が体を翻したら、新しくでき

図4-1　逆を取る動き

2021年3月、バイエルン対ドルトムントの前半16分の場面。レバンドフスキは縦に飛び出すふりをし、相手DF・ザガドゥに対して揺さぶりをかけた。

図4-2

ザガドゥがつられて縦を消した瞬間、レバンドフスキは背中側に回り込んでフリーになった。相手のリアクションを引き出し、その逆を突くとフリーになれる。

た背中側に回ればいい。

2021年3月のバイエルン対ドルトムントでレバンドフスキが見せた動きを、図4に示しました。

まずレバンドフスキが縦に行くようなアクションをすると、相手はそれを警戒して半身になりました。その瞬間、レバンドフスキは左斜め前に方向を変えてフリーになりました。ズーレがパスを出さなかったため、この動きは生かされなかったのですが、レバンドフスキは常にこういう駆け引きをしています。

「相手の足をそろえさせる」、もしくは「相手に動きの矢印を出させて、その逆を取る」と空間を作れる。「動きの矢印」とは、体がどちらに動こうとしているかのベクトルのことです。たとえば前方へ足を踏み出した瞬間に、後方へ動くのは不可能ですよね。そこに隙が生まれるわけです。こちらのアクションで相手のリアクションを引き出せば、狭いエリアでもフリーになれます。

方法4――動きすぎない。それでいて背中を取り続ける

ここまで自らアクションを起こす「動的な仕掛け」を中心に書いてきましたが、それに対して「静的な仕掛け」もあります。

それは「中央でどんと構え、動きすぎない」ということです。

なぜそれがセンターバックへの攻撃になるのか？　仮にそこへパスが来る確率が低かったとしても、どんなアクシデントがあるかわからないので、守備陣は中央にいるFWを気にし続けなければならないからです。のど元にナイフがあるのと、ないのとでは恐怖感が違うのです。

しかし、どんと構えると言っても、くどいようですが棒立ちではダメですよ。いいセンターFWは、ただ中央にいるのではなく、ボールが動くのに応じてポジションをわずかに修正し、相手の背中を取り続けようとします。

たとえば、味方がパスをつないでサイドを変えたら、相手センターバックの背中の場所が変わりますよね。最初に背中を取ったつもりでも、ボールが動いているうちに相手の視野に入ってしまったら意味がない。数歩でいいので移動して、再び誰かの背中に潜り込まなければなりません。

2021年3月のバイエルン対ドルトムントにおけるレバンドフスキの動きを見てみましょう（図5）。

左サイドでバイエルンのコマンがボールを持って顔を上げたとき、まずレバンドフスキは敵センターバックの背後を取ろうとします。しかしコマンはクロスを上げず、

図5-1　動きすぎないメリット

2021年3月、バイエルン対ドルトムントの前半26分の場面。ボール保持者のコマンが顔を上げた瞬間、レバンドフスキは相手DFの背中側へ飛び出した。

図5-2

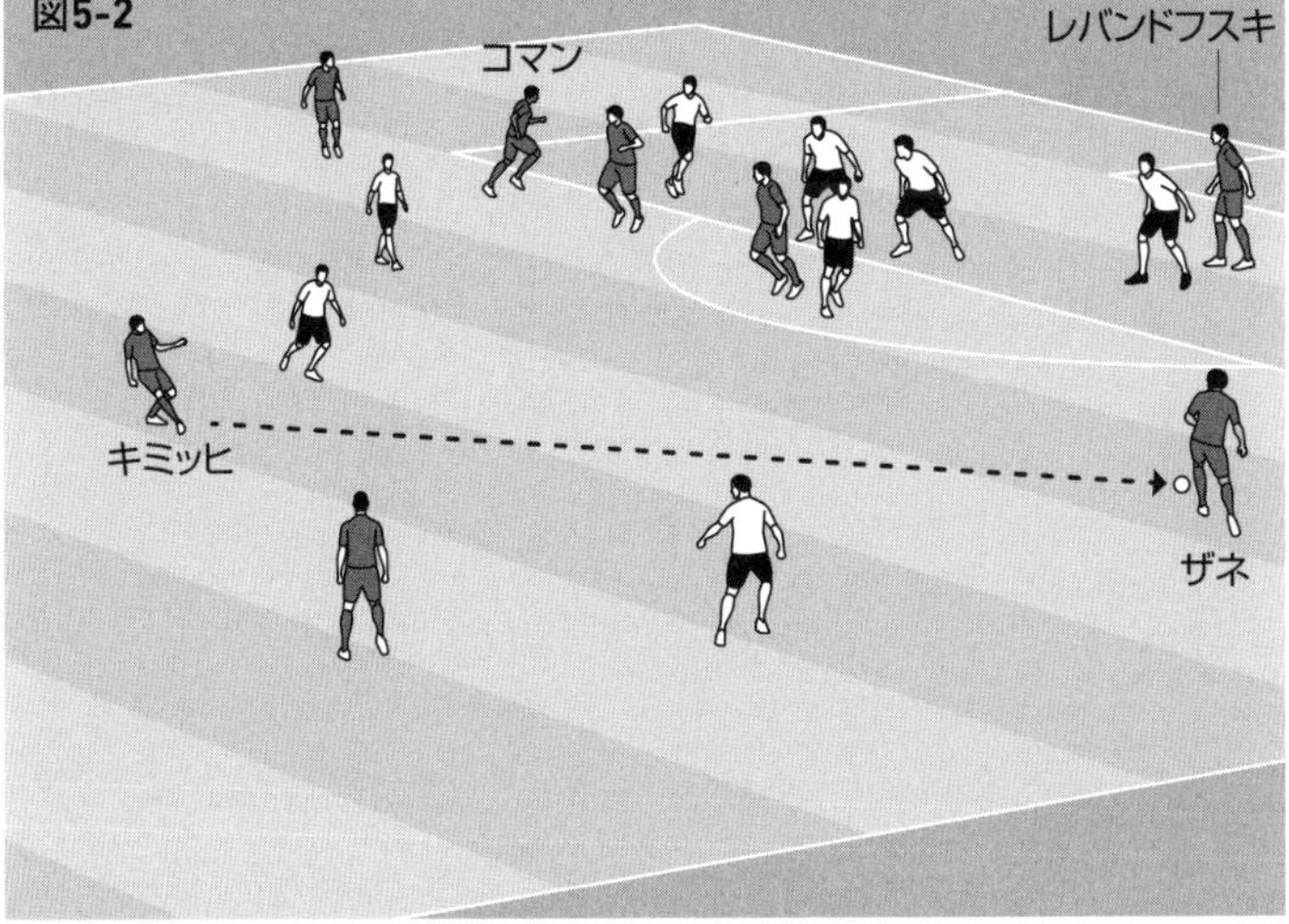

結局コマンはクロスを上げず、キミッヒへのパスを選択。それでもレバンドフスキは慌てて動かず、気配を消して相手DFの背中を取り続けた。

図5-3

ザネへボールが渡ると、レバンドフスキは相手DFの背中側に回り込み、左手を挙げてパスを要求。相手DFは死角に入られ、レバンドフスキの動きが見えていない。

図5-4

レバンドフスキはザネからのグラウンダーのパスをフリーで押し込んだ。あえて動かないことで、冷静に周囲を見やすくなる。それによって背中を取り続けられる。

中央のキミッヒへパスを出しました。このときレバンドフスキはあえて動かず、敵センターバックの視野外で次の展開を待っています。

ところがキミッヒから右サイドのザネにパスが出されると、レバンドフスキは突然左手を挙げてクロスを要求。今度は他のセンターバックの背中を取って、悠々とグラウンダーのクロスを左足で押し込みました。

この間、レバンドフスキはペナルティスポットから半径5mの範囲に留まり続けた。なのに相手の視野から消え続け、ゴールを決めた。敵のマークを外すのに大きな動きは必要ないんですよ。

さらに踏み込んで言うと、レバンドフスキが背中を取り続けられるのは、ボールを見る必要がないときにはボールから目を切り、わずかゼロコンマ数秒の間に周囲の状況をチェックしているからです。

敵がどこに立っていて、どこが死角なのか。どこに動けば、フリーでシュートを打てるのか。ずっとボールを目で追ってしまうFWは、相手DFが見ているのと同じ世界しか見えず、簡単にマークされてしまいます。一方、レバンドフスキはボールから目を切り、情報を得ることで、密集している中央でもフリーになれるのです。

大久保嘉人が川崎フロンターレに加入したとき、まずアドバイスしたのは「中央にい続けよう」ということでした。大久保嘉人はパスを受けるためにサイドに流れたり2列目に下がったりして、得点できる場所から遠ざかる傾向がありました。私はこう伝えました。

「ヨシトは動きすぎている。常にセンターバックのところにいて、相手と駆け引きしてくれ。そうすれば絶対に得点できる」

瞬く間に自分のものにし、3年連続でJリーグの得点王になりました。

下手に動けば捕まるし、スペースも潰してしまうし、得点エリアから遠ざかってしまう。動かないことが戦術になるのです。

ベルギー代表ロメル・ルカクの特徴

こういう動き、特に「背中を取る動き」はFWにとって大切な技術ですが、ヨーロッパの有名なストライカーにとっても簡単ではありません。

たとえば、ベルギー代表のロメル・ルカク（チェルシー）です。ルカクは190㎝の屈強な肉体を持つ世界屈指のストライカーで、パワーとスピードで大方の勝負をつけてしまうため、ゴール前で背中を取る動きはほとんどありません。相手DFの体の前側に立つことが多く、あまり背中側に立とうとしない。それだと相手の視野内に簡単に収められてしまう。ルカクの強靭さはすでに世界トップクラスで、十分に相手DFに脅威を与えていますが、さらに背中を取る動きを繰り返せたら、止めようのない選手になるでしょう。

中央でマークされているFWにとって、わかりやすく空いているのはサイドです。ルカクは中央からサイドに走って、パスをもらおうとすることも多い。しかし、これだと相手はルカクの動きを見られるので対処しやすくなります。

2020年12月のインテル対ナポリで、ルカクがサイドに流れて走り、パスを受けたもののボールを失った場面を図6に示しました（当時はインテルに在籍）。ルカクはDFのクリバリの視野でしか動いておらず、トラップした瞬間にボールをかっさらわれてしまいました。

フィジカル能力に長けた選手だからこそ、相手の視野から外れる動きを身につけていれば、より大きな差を生み出すことができます。DFの視野の中で動いてしまうと、ラインコントロールをされてオフサイドを取られる確率も高まります。

ボクシングでたとえたら、いくらパンチが強くても、いつどこに打ってくるかがわ

2020年12月のインテル対ナポリの前半19分の場面。ルカクは相手DF・クリバリの視野の中で動いたため、トラップした瞬間を狙われてボールを奪われた。

かれば防ぎようがあります。しかし、いつどこで打つかがわからなければ、その強烈なパンチはより力を増すことになります。ルカクが背中を取ってゴールを決めることもまったくないわけではありませんが、その数が多くなれば間違いなくもっとゴールをとる選手になると思います。

やはりスピード、強さ、高さを兼ね備えている選手たちは、その武器を前面に押し出すことが多いのは確かです。ACミランの身長188cmの若手FWラファエル・レオンや、シュツットガルトの身長200cmの若手FWサーシャ・カライジッチも、こういう動きを身につけたら、ポテンシャルをもっと生かせると思います。裏や背中を取り続けるアクションは、一昔前までは小柄な選手にしか求められなかったかもしれませんが、現代では大柄な選手にも求められるようになっています。

世界最高のＣＦ
ロベルト・レバンドフスキの駆け引き

この「背中を取る動き」の最高のお手本が、２０２０年に「ＦＩＦＡ最優秀選手賞」（ザ・ベスト・ＦＩＦＡフットボールアウォーズ）に選ばれたロベルト・レバンドフスキです。このバイエルン・ミュンヘンのエースは１８５㎝という高さに頼ることなく、動き出しの工夫でフリーになって得点を量産しています。

レバンドフスキがすごいのは、どんな状況になっても相手を外してフリーになる手立てを持っていることです。

カウンターのとき

- 相手がボールウォッチャーになっていたら、シンプルに背中側に走り込む。
- 相手がボールとレバンドフスキを同一視野に入れるように立ったら、わざと相手に直線的に突っかけ、ぱっと方向を変えてフリーになる。

相手がブロックを作っているとき

・縦パスを引き出すために中盤に降り、縦パスを1タッチで誰かに落とすと、そのまま反転し、猛スピードでゴール前へ入っていく。

相手がゴール前に引いたとき

・ボールが動くごとに立ち位置を微修正し、相手の背中側に潜り込んでクロスを引き出す。

レバンドフスキは腹筋が割れた見事な肉体のため、ドイツでは「ザ・ボディ」と呼ばれているそうですが、ほとんど相手に体を触らせずにプレーしているんですよ。空中戦においても、相手の背後でジャンプしている場面が多く、高さに頼っていません。

トーマス・ミュラーの忍者のような動き

バイエルンが相手にとって非常に厄介なのは、レバンドフスキだけでなく、トーマス・ミュラーも「センターバックを攻撃する達人」であることです。

ミュラーは独特のリズム感を持っていて、味方が疲れてアクションを止めてしまっているようなときでも、突然裏へ飛び出したり、パスコースに顔を出したり、トリッキーな動きで変化をつけられます。

バイエルンのチームメイトは攻撃に行き詰まったら、ミュラーを見れば打開のヒントを得られるのです。「困ったらミュラーを見ろ」って感じですね。

ふらふら動き回れると良さが出る「忍者」のようなタイプで、ニコ・コバチ監督時代に活躍できなかったのは、型にはまった役割を求められたからでしょう。ハンジ・フリック監督（現ドイツ代表監督）になってからは再び自由になり、変幻自在の動きを取り戻しました。2021年夏に新監督に就任したユリアン・ナーゲルスマンの下でもポジションに縛られない役割を与えられ、欠かせない選手になっています。

図7は2020年10月のドイツ・スーパーカップ、バイエルン対ドルトムントの一場面です。アルフォンソ・デイビスがクロスを上げようとした瞬間、キミッヒが中央へ走り込もうとした後ろ側で、レバンドフスキが敵センターバック（フンメルス）の背中を取り、ミュラーが一番外側の敵（パスラック）の背後で手を挙げています。ド

図7　複数で背中を狙う

2020年10月のバイエルン対ドルトムントの前半32分の場面。レバンドフスキとミュラーが相手DFの背中を取り、最後はミュラーがヘディングで得点を決めた。

ルトムントは最終ラインに5人もいるのですが完全に無力化されています。

デイビスは一番外側をクロスで狙い、フリーでジャンプしたミュラーが頭で合わせて得点を決めました。

レバンドフスキとミュラーという達人がいて、さらにそこにコマンやニャブリといった突破力がある選手が絡んでくるわけですから、止めるのが難しいわけですよね。

第２章

ビルドアップは相手を「囲む」

ビルドアップを成功させる普遍的な方法

ここまでゴール前の答え、すなわち「どうやってゴール前の相手守備を破るか」を取り上げてきました。

前線で「前向きの選手」を作れば、相手DFラインが乱れる。「背中を取る」動きをすれば、スペースがないように見えてもフリーになれる。それを複数人でやると、さらに相手は守りづらくなる。

「センターバックを攻撃しろ！」

この一言にすべてが集約されています。

では、ゴール前の答えを持てたら、次に必要なのは何か？　はい、ゴール前までどうやってボールを運ぶか、いわゆる「ビルドアップ」ですね。

ビルドアップと聞くと、センターバックの間にMFが降りて3バックになったり、サイドバックが中に入ってMFになったり、決まったパターンがよく知られています。

しかし、当然ながら相手も研究してくるので、パターンには限界があります。特定の形を用意しても通用するのは2、3試合で、付け焼き刃の秘策はすぐに行き詰まる

図8-1　敵を囲む

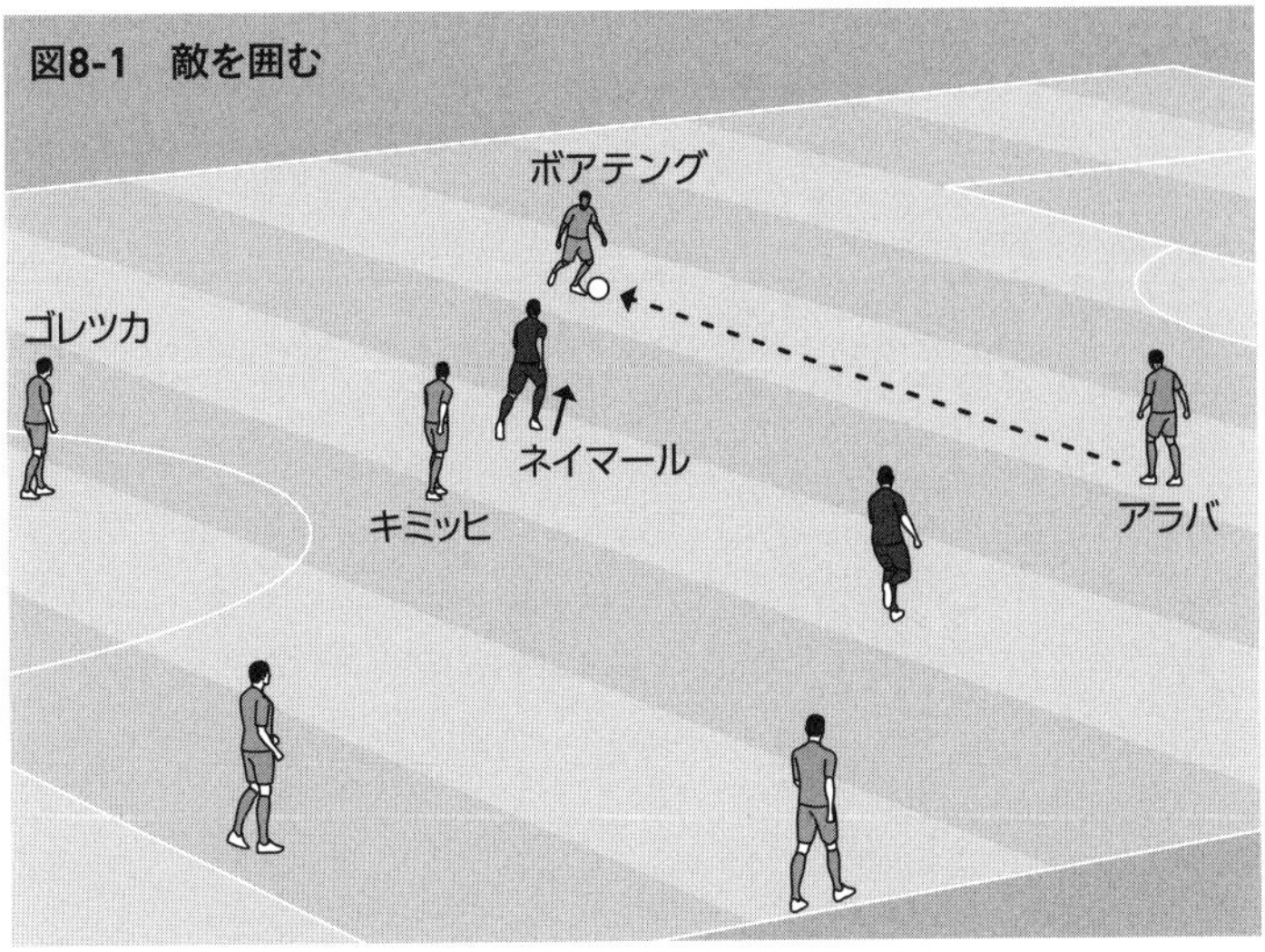

2020年のCL決勝、バイエルン対パリ・サンジェルマンの前半16分の場面。バイエルンのDFラインからのビルドアップに対して、ネイマールがプレスをかけた。

でしょう。

ビルドアップを成功させる普遍的な方法はないのでしょうか？

私はあると考えています。

それは「敵を囲む」ことです。

より具体的に書くと、ボールを奪いに来た相手を、味方でぐるりと囲んでしまうイメージ。ボール保持者に対していくつものパスコースができ、相手の寄せから逃れることができます。

2020年のUEFAチャンピオンリーグ（CL）決勝、バイエルン対パリ・サンジェルマンの一場面を図8に示しました。

バイエルンは左センターバックのアラバ（現レアル・マドリード）が、右セン

図8-2

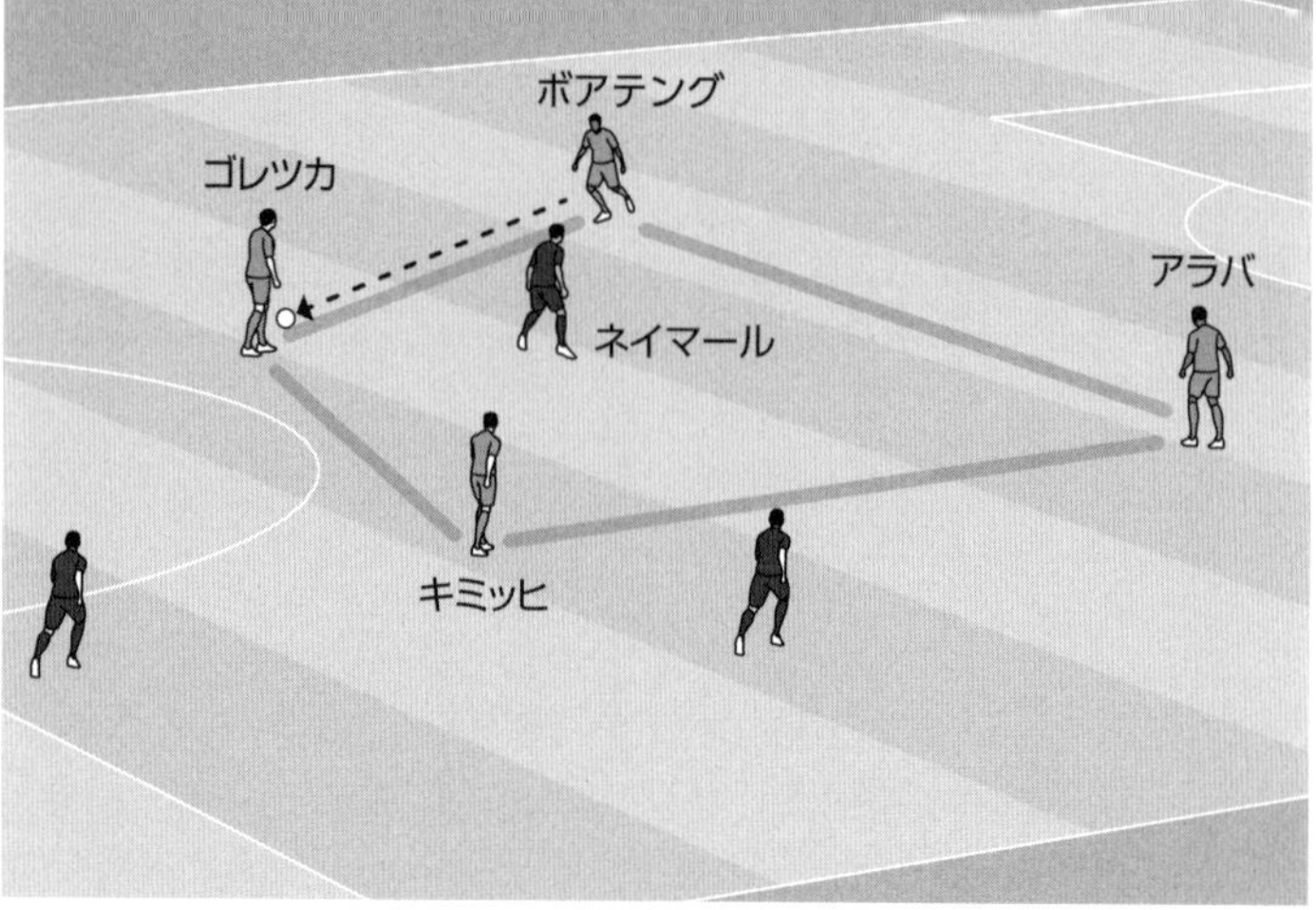

ボアテングへボールが渡ると、バイエルンの選手3人がサポートし、ネイマールを囲む。パスコースが複数あるため、ネイマールは飛び込めず、立ち止まった。

図8-3

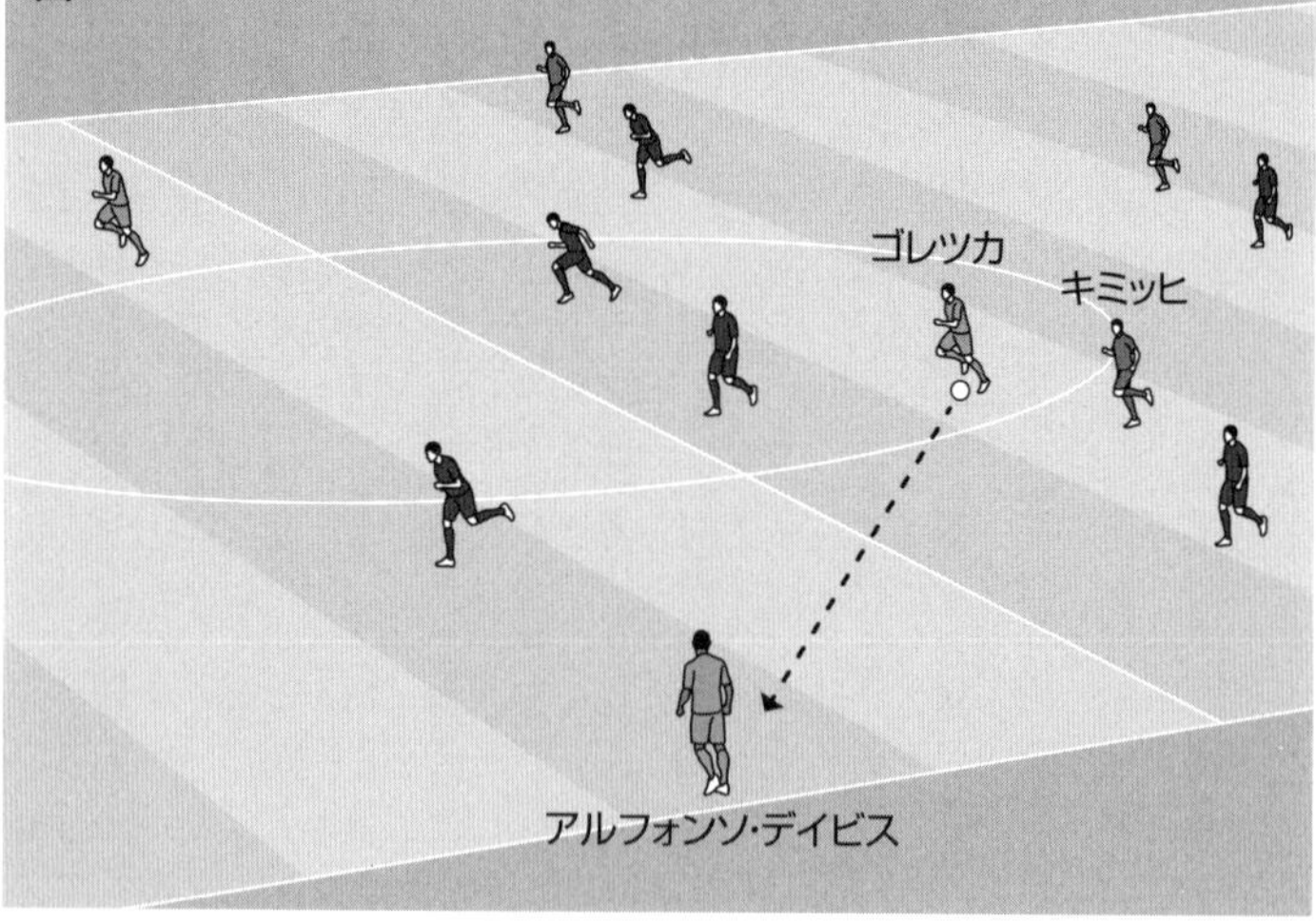

バイエルンはプレス回避に成功。密集を抜け出し、左サイドのアルフォンソ・デイビスへボールを展開。敵をうまく囲めば、激しくプレスをかけられてもかわせる。

ターバックのボアテング（現リヨン）にパスすると、ネイマールが猛然とプレスをかけます。ネイマールはボアテングの鼻先まで詰め寄りました。

しかしネイマールは飛び込めません。バイエルンの選手4人に囲まれており、パスコースを防ぎ切れないからです。ボアテングはそれをわかっているので、まったく慌てることなくボールを保持します。

結局ボアテングはゴレツカにパス。ゴレツカは左サイドのアルフォンソ・デイビスに展開し、ビルドアップに成功しました。

ネイマールの守備は、囲まれたことによって無力化されたのです。

実はこれとよく似た状況が、有名な練習メニューの中にあるんです。「鳥かご」や「ロンド」と呼ばれるボール回しです。

たとえば4人対1人のロンドだったら、4人が外側でパスを回し、鬼役の1人がパスカットを試みるというもの。外側の選手がうまく動くとパスコースがいくつもでき、鬼役がボールを奪うのはかなり難しくなります。

もっと多人数が関わった例を見てみましょう。図9は2021年4月のレアル・マドリード対バルセロナの一場面。レアル側はフィールドプレイヤー8人が自陣に戻ってビルドアップを試み、バルサ側は主に5人（デンベレ、メッシ、デ・ヨング、ペド

図9-1　レアルの囲み方

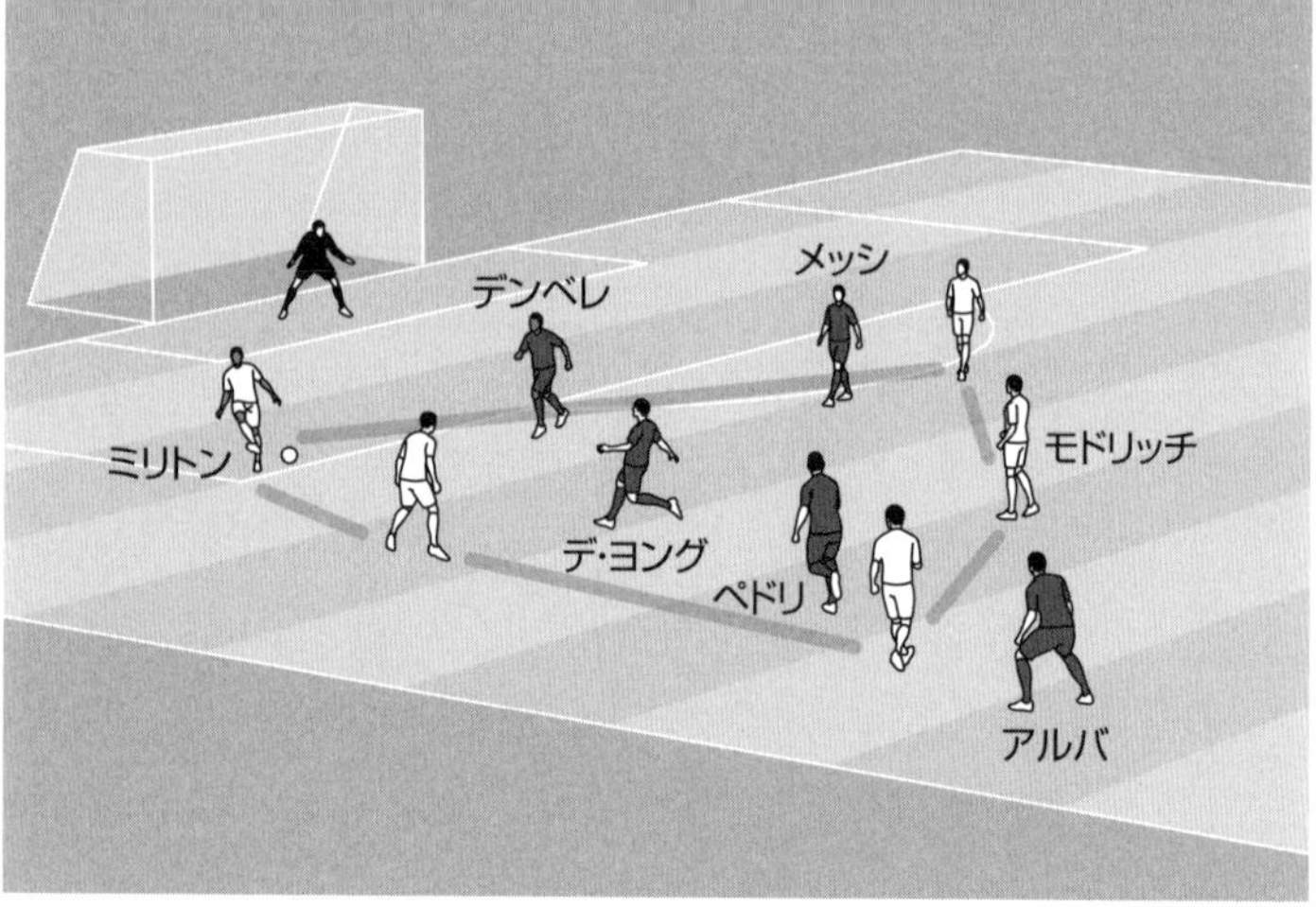

2021年4月、レアル・マドリード対バルセロナの前半12分の場面。バルサ側が人数をかけて取りに来たが、レアル側も人数をかけて囲み、パスコースを確保。

図9-2

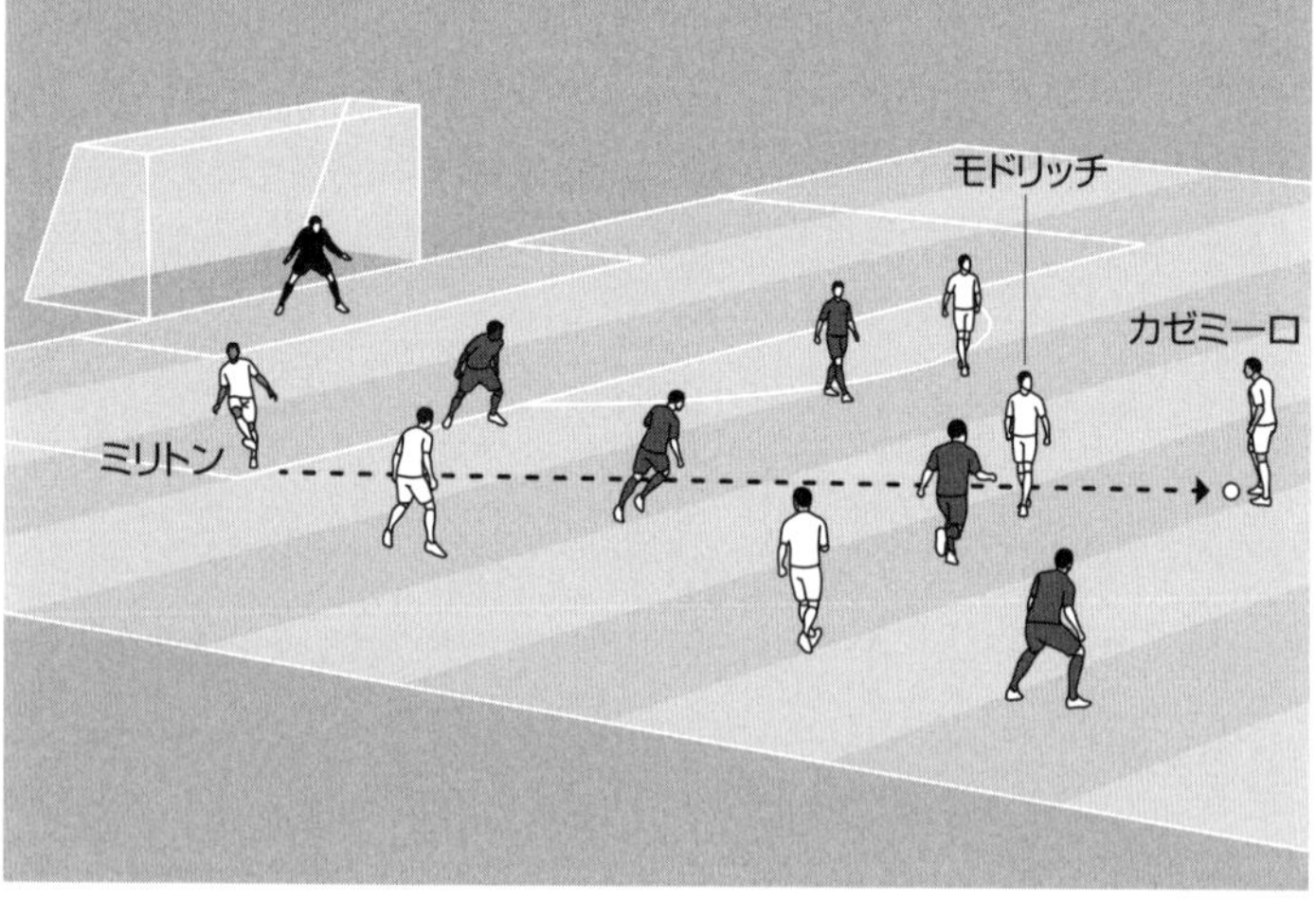

ミリトンが隙間に縦パスを通し、バルサのプレスを無力化。レアルはこのパスが号砲になってスピードに乗って敵陣に侵入し、最後はベンゼマがゴールを決めた。

リ、アルバ）がプレスをかけています。デ・ヨングとデンベレが挟むように寄せたのですが、ボール保持者のミリトンから見て左斜めのコースが空いており、ミリトンは落ち着いてそのコースにパス。モドリッチがスルーしてカゼミーロに渡り、プレス回避に成功。クロースが右サイドに展開すると、バルベルデがドリブルで一気に相手陣内に侵入し、ベンゼマのゴールが決まりました。

レアルがプレス回避がうまいのは、各選手の技術レベルが高いことに加え、相手をうまく包み込んでいるからでしょう。

相手を「囲む」ための基礎

相手を囲むときには、欠かせない基礎が2つあります。

1つ目は「全員がパスコースに顔を出す」こと。

言うまでもなく、パスコースが多ければ多いほどボール保持者に選択肢が増えるからです。遠くにいる選手にとっては簡単ではないですが、全員がパスコースを作る意識があると、攻撃が止まりづらくなります。

２つ目は「パスを出したらすぐに動き直す」こと。パスを出しても仕事は終わりではありません。思考も足も止めず、すぐに自分が新たな受け手になる必要があります。

この動きに関して私が選手によく教えるのは、「パスを出したら、そのパスの受け手に近づいていけ」ということ。

そうするとパスを受けた味方に、必ず1本パスコースを確保してあげられます。「出して寄る」を浸透させるために、私は選手たちに「(パス回しに) 自分を入れろ」と言い続けてきました。

「出して寄る」を忠実に実行しているのがナーゲルスマン（現バイエルン監督）が率いていたときのRBライプツィヒでした。２０２０年12月のライプツィヒ対マンチェスター・ユナイテッドの一場面を図10に示しました。中央でライプツィヒのフォルスベリは右にいるザビッツァーにパスをすると、そのままザビッツァーに近づいていきます。ザビッツァーはこの保護により時間ができ、右サイドのムキエレにパスを通すことができました。

もしフォルスベリがパス後に近づかなければ、守備者がフォルスベリの前に入ってパスコースが消され、ザビッツァーは孤立していたでしょう。しかしフォルスベリが

図10-1　「出して寄る」動き

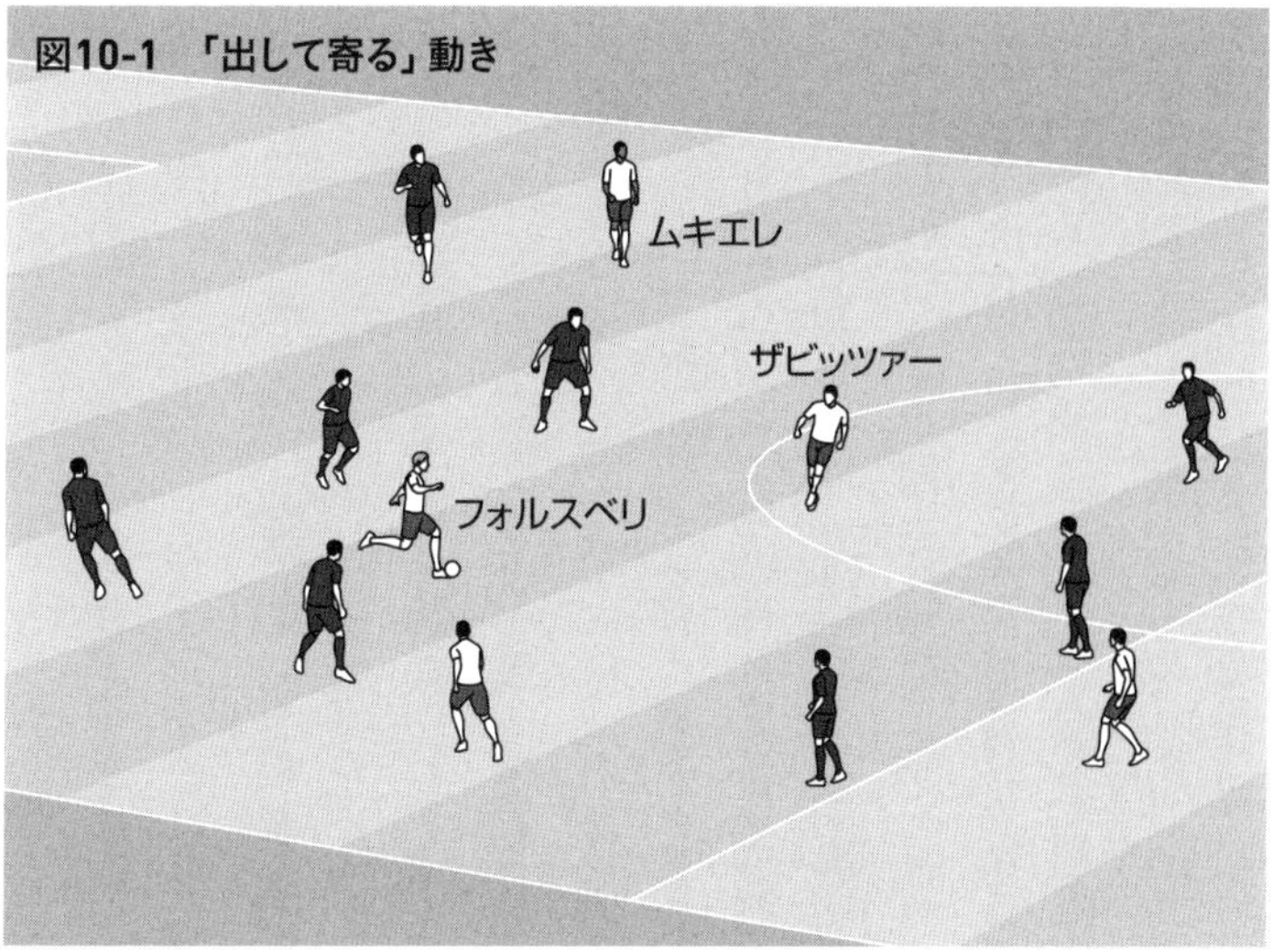

2020年12月、ライプツィヒ対マンチェスターUの前半11分の場面。フォルスベリがザビッツァーにパスを出そうとしているが、味方が少なく孤立しかねない状況。

図10-2

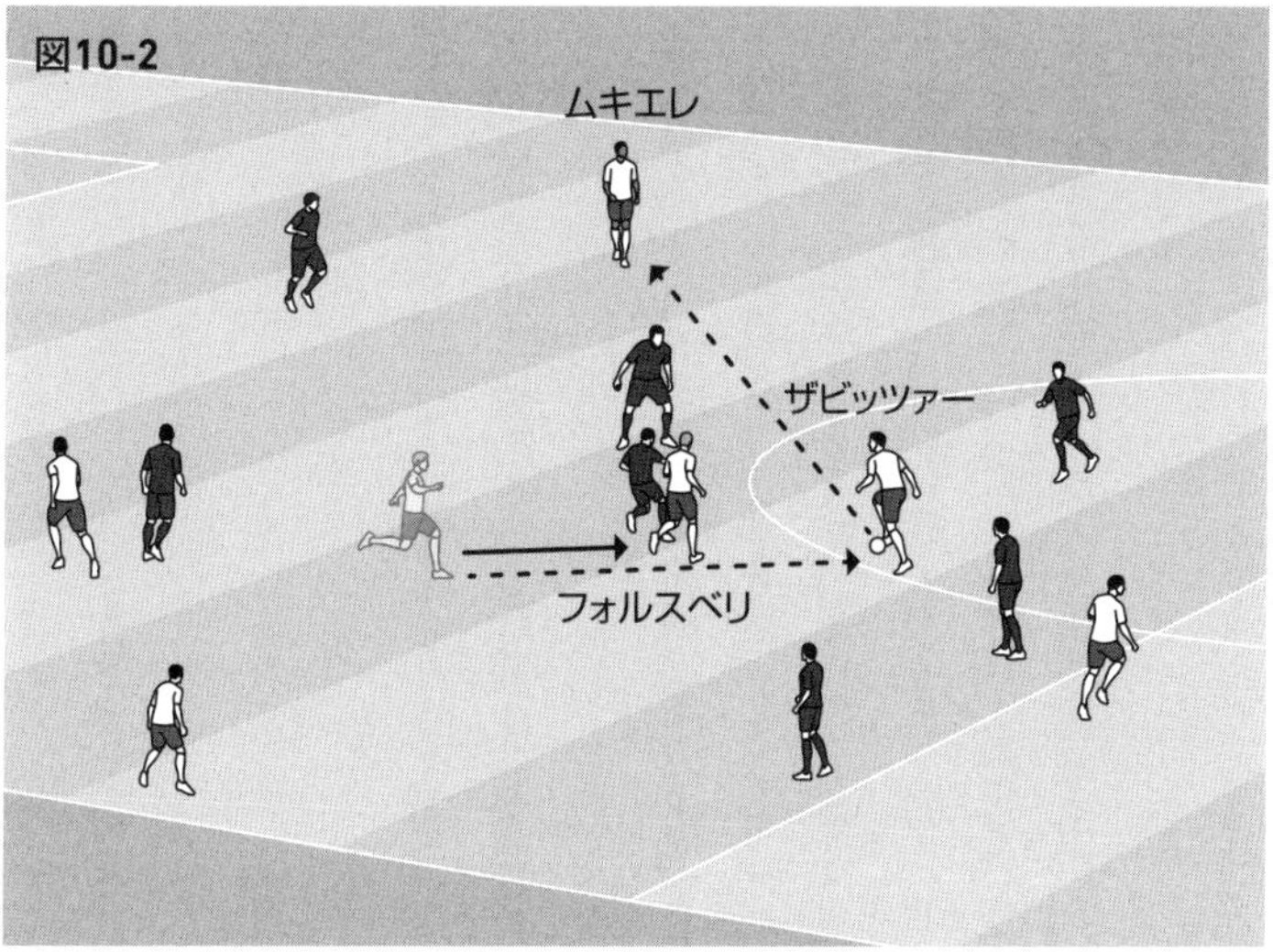

だがフォルスベリはパスを出したあと、ザビッツァーに近づき、仲間がリターンパスを出しやすくした。相手は的を絞れず、ザビッツァーは右サイドにパスを展開できた。

接近したことでパスコースが保たれた。「出したら近づく」を実行すると相手がコースに入り込めず、少なくとも1つパスコースを確保でき、味方に時間を作れます。

相手を「囲む」ときの距離

攻撃時に相手を「囲む」ときの距離は、相手の出方や状況によって変わりますが、チームが志向するサッカーや選手の能力によって「得意な距離」がある程度決まっています。

囲む距離が短いのは、バルセロナ、マンチェスター・シティ、川崎フロンターレなどの狭いエリアでのパス交換を得意にしているチーム。距離を縮めるとプレースピードが上がるので、技術力が高く俊敏な選手がいる方が有利になります。2021年4月のスペイン国王杯決勝、バルセロナ対ビルバオの一場面を図11に示しました。

センターサークルの直径は18・3mなので、それを距離の目安にしてみましょう。バルセロナのブスケツがボールを持ったとき、彼を含め味方の選手5人が約15m×15mの「箱」を作っていることがわかると思います。

相手DFが警戒していますが、メッシ（現パリ・サンジェルマン）が前へ行くアク

図11　バルサの狭い囲み

2021年4月、バルセロナ対ビルバオの後半14分の場面。バルサの選手が極端に右サイドに集まり、狭い距離で相手を囲み、ブスケツがメッシに縦パスを通した。

ションをしたため、対面するDFは後ずさりし、「箱」の外へ押し出されてしまいます。

その結果、「箱」の中にいるビルバオの選手は2人のみに。ブスケツは悠々とメッシに縦パスを通すことに成功します。メッシは反転すると一気に前へ進み、右サイドを駆け上がってきたデ・ヨングへスルーパス。デ・ヨングが上げたクロスをグリーズマン（現アトレティコ・マドリード）が合わせて先制しました。

センターサークルとほぼ同じ大きさの範囲に5人が立つのですから、かなり近い距離感です。

この例からもわかるように、短い距離で相手を囲もうと思ったら、ある程度、攻撃側の選手は自分のポジションから離れてボールサイドに集まる必要があります。

守備のときはピッチをバランスよく埋めることが大事で、左インサイドハーフ、右インサイドハーフといった左右の区別があります。しかし攻撃ではいくらバランスよく立っても、敵にパスコースを消されたら何の意味もありません。マニュアル的に立つよりも、「いかにパスコースを作れるか」が大事です。自分たちで決めた枠の中で、前後左右にポジションが入れ替わってもいいのです。

ボールサイドに固まって「囲む」ナポリ

20－21シーズンに再びセリエAの解説を担当して驚いたのは、ジェンナーロ・ガットゥーゾが率いていたナポリが非常にうまく相手を囲んでビルドアップしていたことでした。

選手がポジションにとらわれておらず、パスを受けるためにボール保持者にどんどん近づき、守備者の間に顔を出し、ビルドアップで常に複数のパスコースを作ろうとする。それを連続でやっています。局所的に5人対2人みたいな状況が常に生まれているのです。

図12は2020年12月のインテル対ナポリの一場面です。ナポリは左サイドバックのマリオ・ルイと左ウイングのインシーニェだけが左側に残り、他のフィールドプレイヤー7人が右側にいます。ピッチの4分の1ほどのエリアにぎゅっと集まっているわけです。

右サイドバックのディ・ロレンツォを見てください。バックパスを出そうとしています。しかし、これはフェイントでした。ディ・ロレンツォが前を向いた瞬間、右サイドライン側のロサーノが前へスプリント。インテルのDFがそれにつられ、自陣方向に戻ったデンメが完全にフリーに。デンメがパスを受けて、敵陣への侵入に成功しました。

ナポリは中盤の3人、デンメ、バカヨコ（もしくはファビアン）、ジェリンスキが常にボールサイドに寄るので、バックパスを強いられているように見えるときにも、前にパスコースがあるのです。

ガットゥーゾは現役時代に「闘犬」のように相手をガツガツ追い回すイメージがありましたが、実はボールを扱う技術は正確で、相手からボールを奪うだけでなく確実に味方につなぎリズムを創り出せるうまい選手でもありました。監督としても、やはり狭いエリアで技術を生かすサッカーをしています。

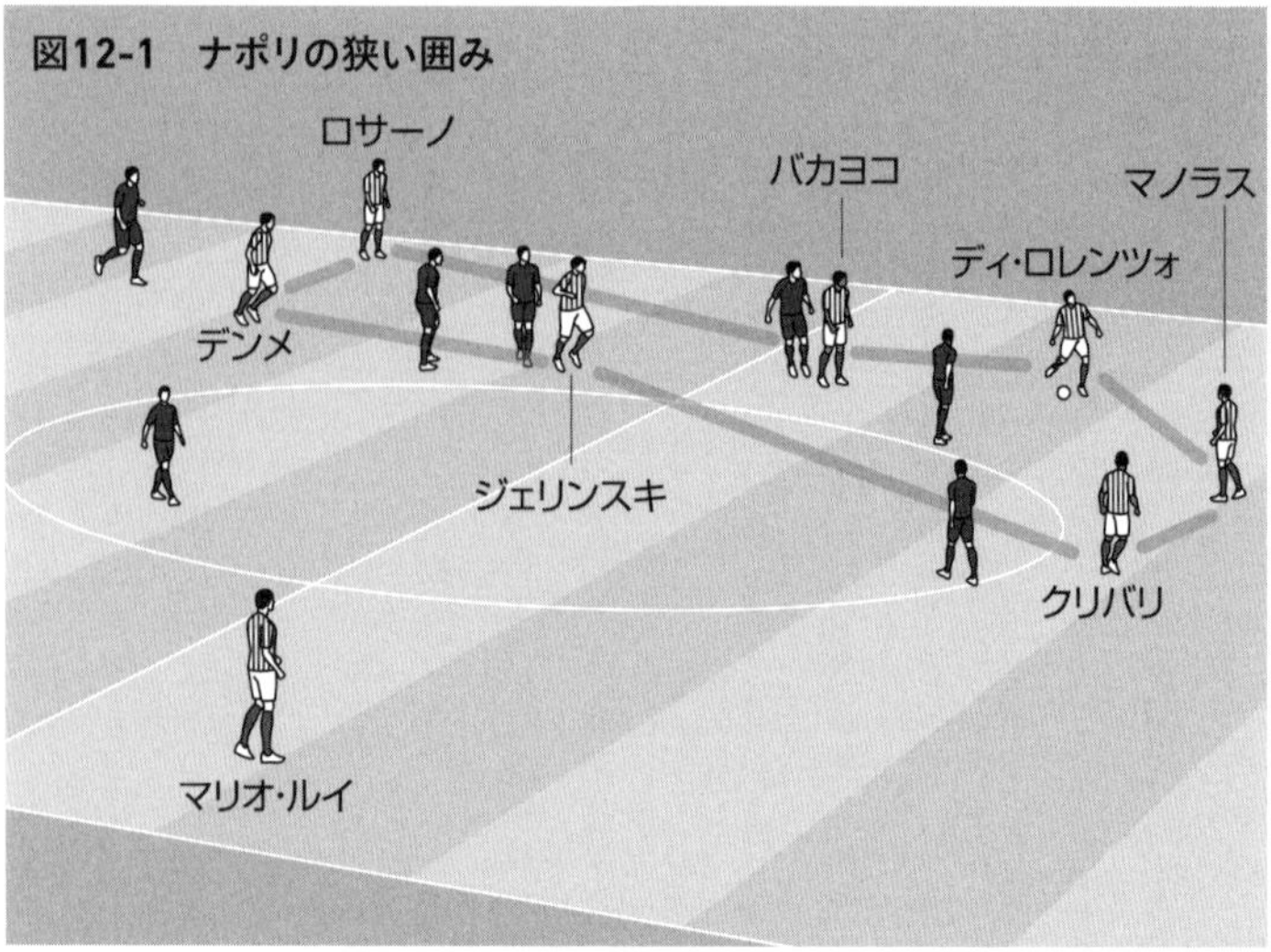

2020年12月、インテル対ナポリの前半21分の場面。ナポリはビルドアップの流れで2人のみ左サイドに開き、他のフィールドプレイヤーが右サイドに寄った。

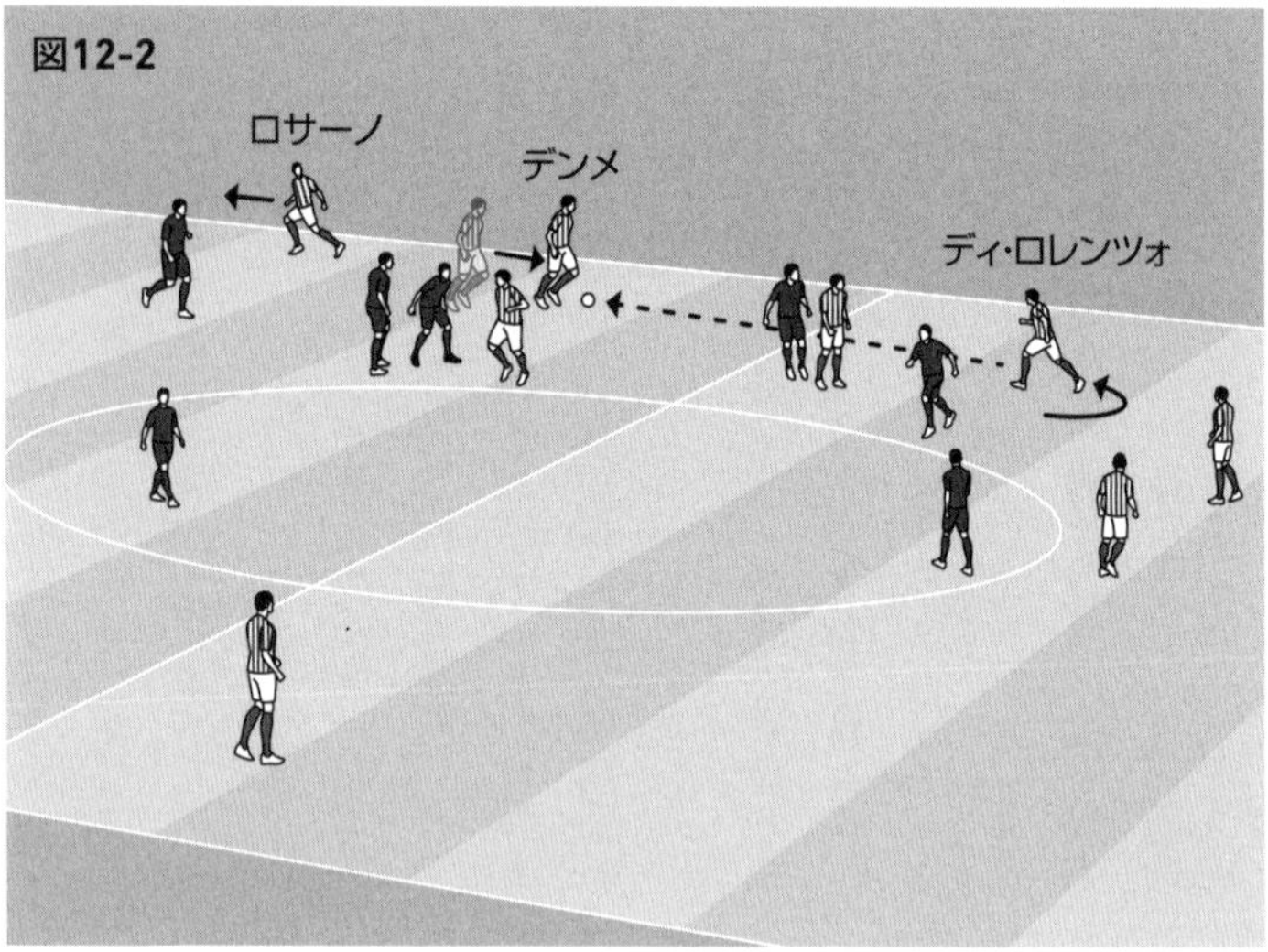

ディ・ロレンツォからデンメへ縦パスが入り、さらにデンメがロサーノへ縦パスを通した。相手を囲んでいるので、常に後ろにも前にもパスコースがある。

ただ、最後まで残った課題は、せっかくゴール前までボールを運んでも、「ペナルティエリア内の相手をどう攻撃するか」というところで本当の武器が見つからなかったことでしょう。

ゴール前は相手も必死に守ってくるので、より空間と時間が限られる。これまで書いてきたようにDFを攻略して、シュートを打つための空間と時間を創り出さなければなりません。

ナポリは味方の裏への動きを見逃してしまったり、もう一手間かけたら崩れるところで強引にシュートを打ったり、ゴール前での技術の質を高める必要がありました。ゴール前の判断基準をもう少し明確にすることができていたら、もっと上位に行けたチームだったと思います。結局ナポリは5位でシーズンを終えてCL出場権を得られず、ガットゥーゾは解任されてしまいました。

大きい距離で「囲む」リバプール

大きい距離で囲むチームの代表例はリバプールです。

選手一人ひとりの足が速く、キック力があってパスが遠くまで飛び、長い距離感の

図13　リバプールの広い囲み

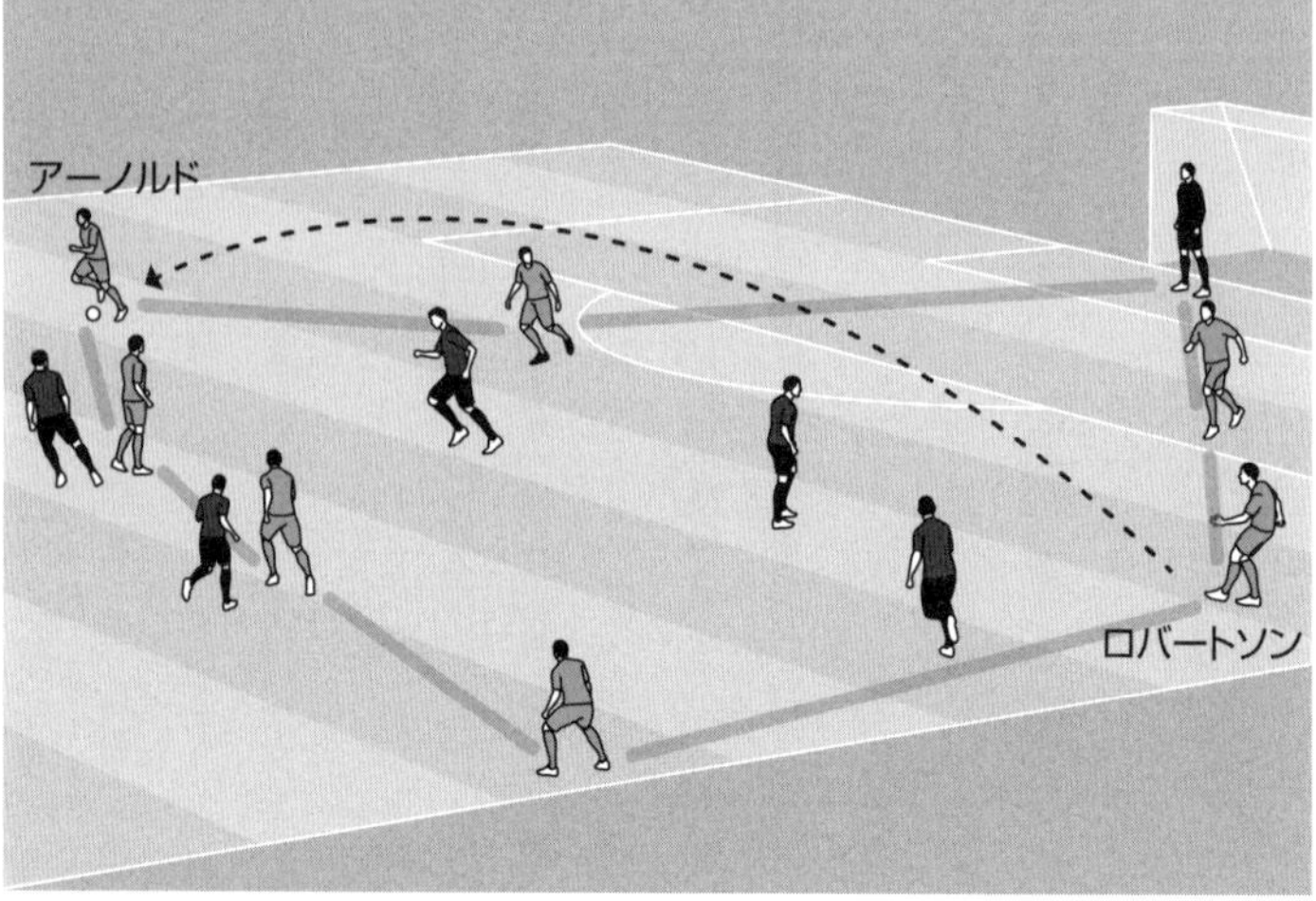

2020年11月、アタランタ対リバプールの前半2分の場面。リバプールはピッチ幅いっぱいに選手が広がり、アタランタのマンツーマンプレスをロングパスで回避。

方が個の能力が発揮される。いわゆるピッチの幅と奥行きを広く使うサッカーです。

ビルドアップのときに4バックが横方向に大きく開き、右サイドバックのアーノルドや左サイドバックのロバートソンが対角線のロングパスを躊躇なく出します。ふわっと浮いた軌道だとカットされますが、彼らのサイドチェンジは低くて速いので味方に届く。パスレンジが通常の2、3倍の感じですよね。

図13に2020年11月のアタランタ対リバプールの一場面を示しました。中盤の選手はマークされてしまっていますが、ロバートソンが右サイドにサイドチェンジを通し、その流れからリバプールはシ

ュートまで持っていきました。

アタランタはマンツーマンディフェンスを採用していますが、自分たちの最終ラインで人を余らせるために、逆サイドの選手にはマークをつけていません。ロバートソンはそこにパスを通し、相手の逆を突いたのです。

「枠」が大きいので、最終ラインの選手からもスルーパスが出ます。同試合の先制点がまさにそうでした（図14）。

アンカーのヘンダーソンがロバートソンからバックパスを受けたとき、ピッチの幅いっぱいにリバプールの選手が広がっているのがわかると思います。これが彼らの距離感です。

アタランタのマークが機能し、ヘンダーソンは前へのパスコースを見つけられず、DFのウィリアムズへのバックパスを強いられます。しかし先ほども書いたように、アタランタは逆サイドの選手まではケアできていません。ウィリアムズが右へ展開し、アーノルドがフリーでパスを受けました。

その瞬間、センターFWのジョッタが前方を指差してスプリント。アーノルドがそれを見逃さずにスルーパスを出し、ジョッタがふわりと浮いたシュートでGKをかわしゴールを決めました。

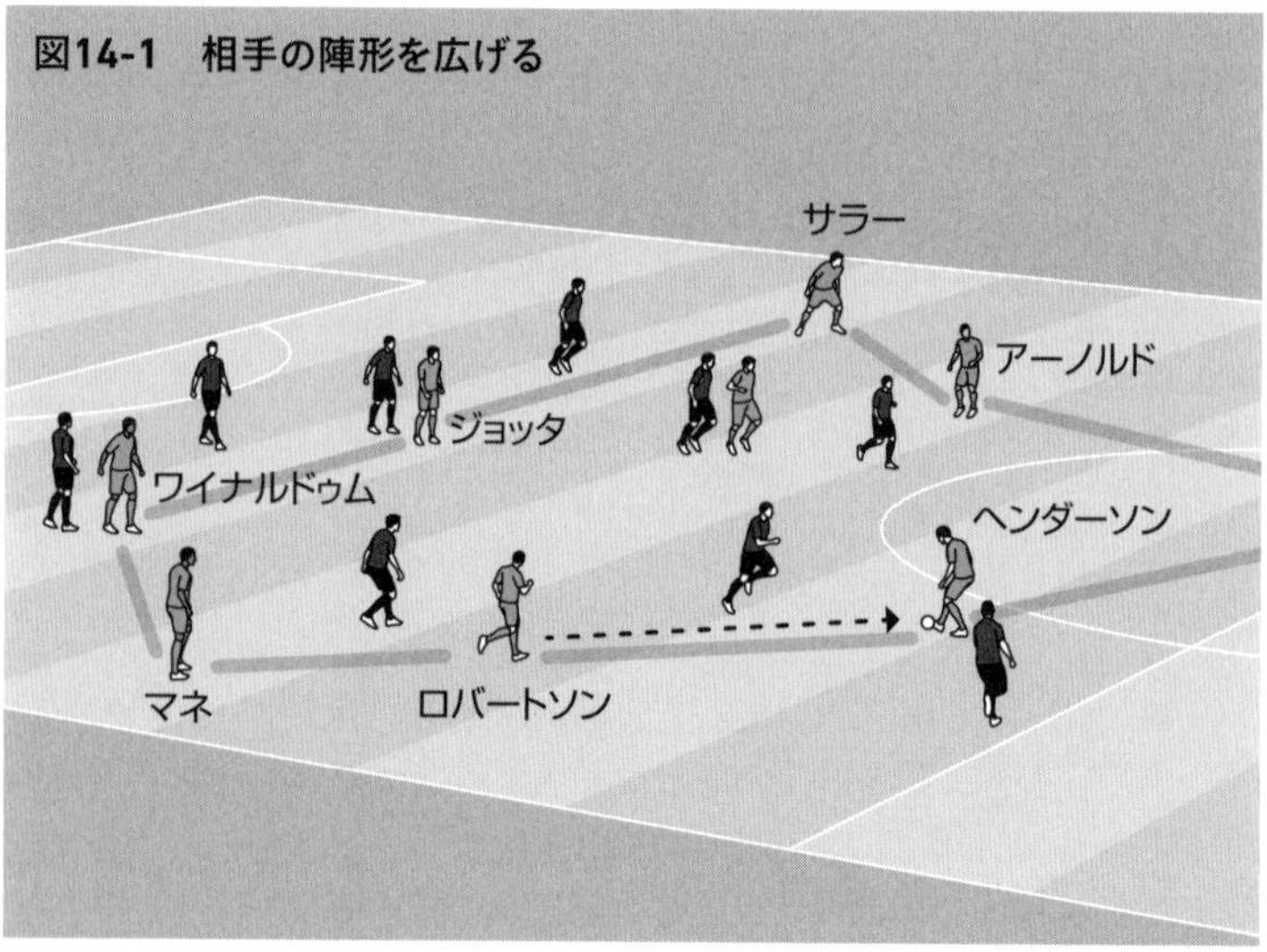

2020年11月、アタランタ対リバプールの前半16分の場面。リバプールは大きな「枠」をつくってボールを動かし、相手の陣形を前後左右に広げようとした。

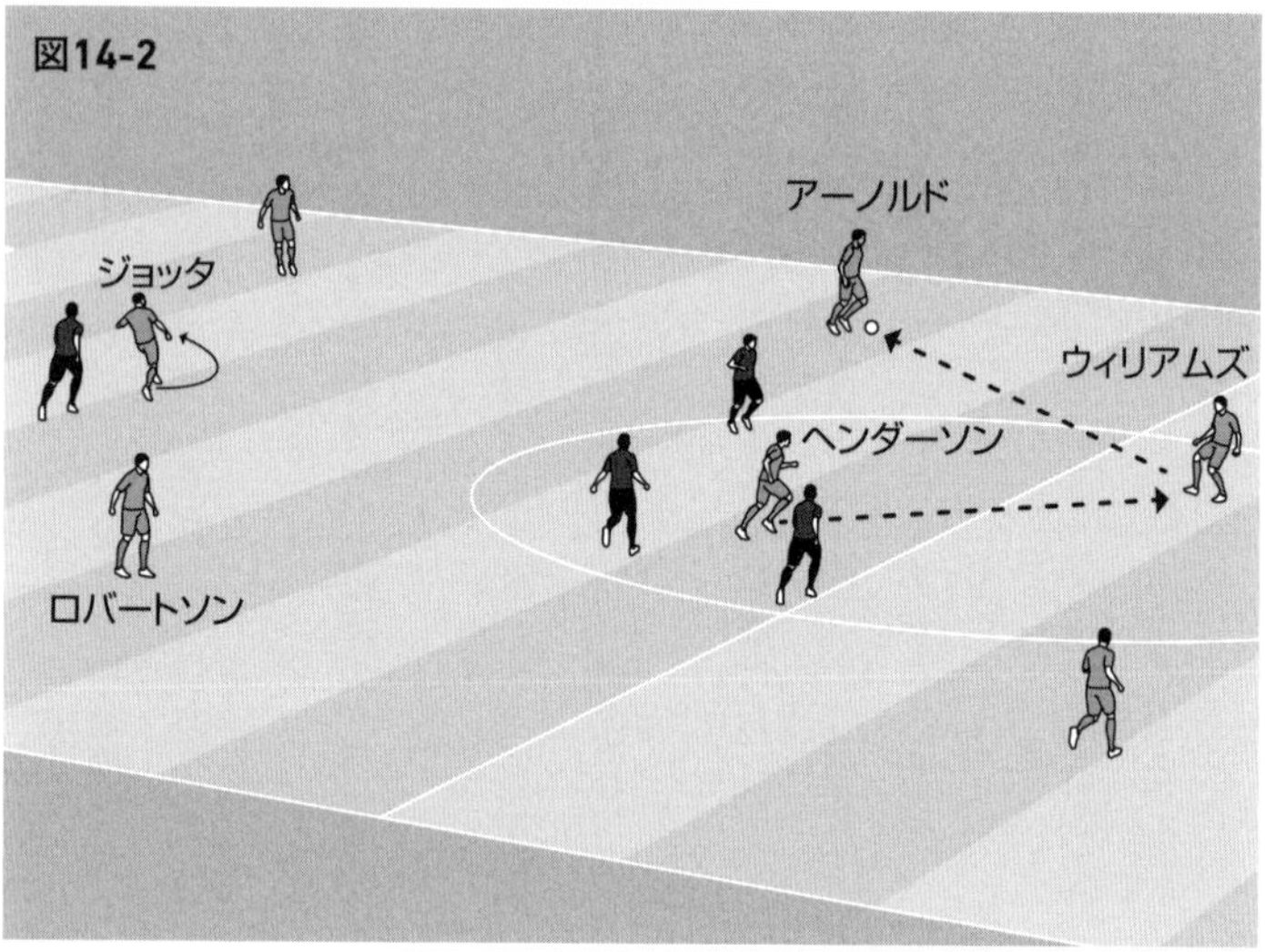

アタランタのスライドが間に合わず、右サイドバックのアーノルドがフリーに。アーノルドがジョッタへのスルーパスを通し、リバプールのゴールが決まった。

仮にスルーパスが通らなくても、前線で快足のサラーやマネ、ジョッタが裏を狙い続けることで、相手のDFラインを押し下げられます。こうやって相手の陣形を前後左右に引き伸ばし、リバプールは得意とする大きな距離感に引きずり込んでいます。

バイエルン・ミュンヘンの必勝法は「大きな円」

バイエルンも大きい距離で囲むチームの一つです。サイドバックが高く上がるのに呼応して、センターバックのアラバ（現レアル・マドリード）とボアテング（現リヨン）、もしくはズーレが横に大きく開きます。彼らもパスが強くて速いので、離れても問題なくパス交換できます。

バイエルンの囲み方は大きな円のような感じで、真ん中にいるキミッヒとゴレツカを、センターバック、サイドバック、ウイング、FWでぐるりと包み込んでいるような形になります。この輪の中にレバンドフスキが降りて変化を加え、サイドにも中央にもパスコースが生まれます。

典型的な例を図15に示しました。2020年12月のバイエルン対ライプツィヒの一場面です。

図15　バイエルンの特殊な囲み

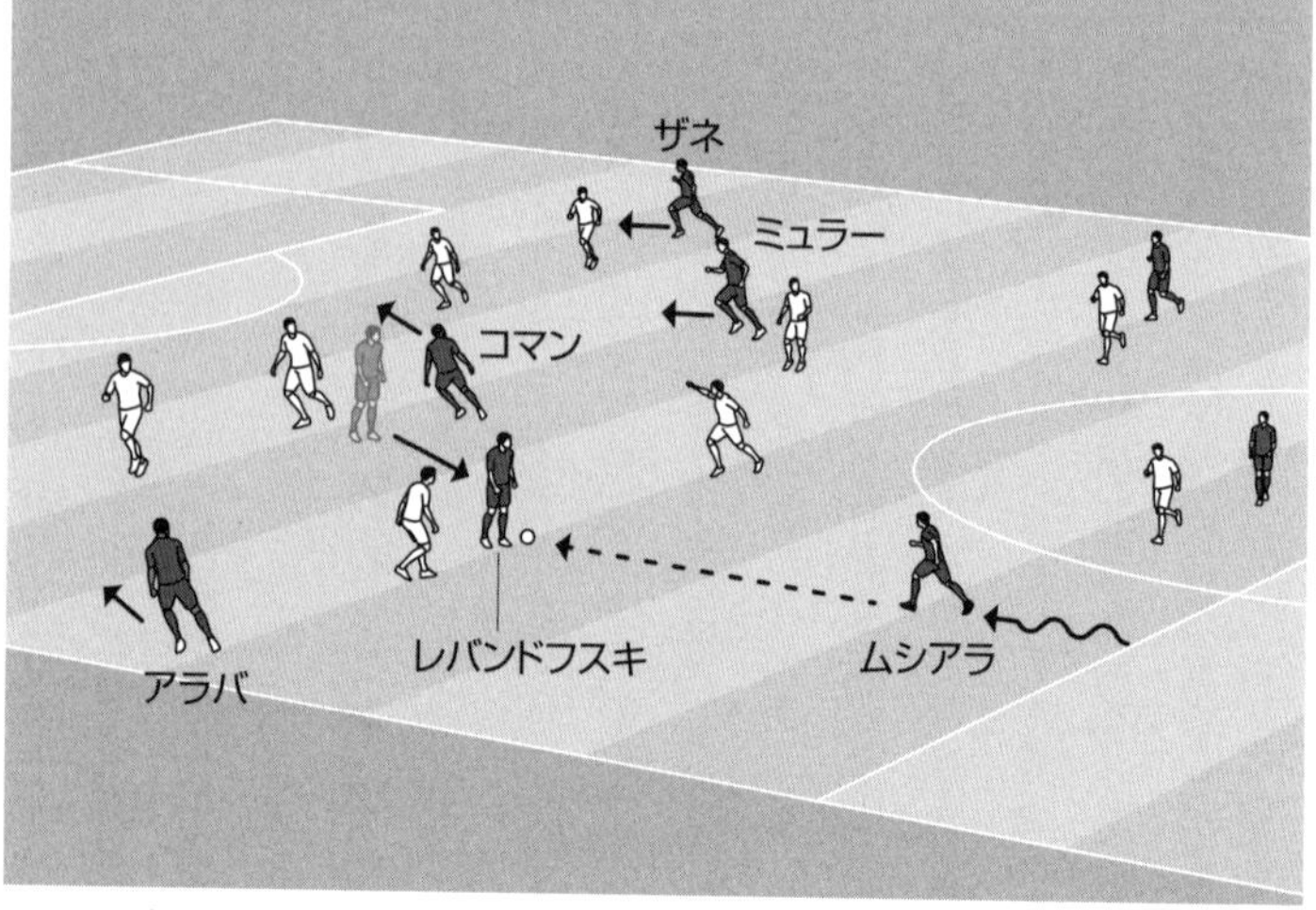

2020年12月、バイエルン対ライプツィヒの前半34分の場面。バイエルンは円を描くように相手を囲み、円の中にレバンドフスキだけが降りてパスを受ける形が得意。

バイエルンはセンターバックのズーレから縦パスを受けたムシアラが後方からドリブルを始めると、左サイドバックのアラバ、左ウイングのコマン、トップ下のミュラー、右ウイングのザネが一斉に前へ向かって動き始めます。「前向きの選手」が4人もいる状況です。

ところがレバンドフスキだけが異なる動きをします。2列目に降りて、後ろ向きでパスを受けようとするのです。相手は「前向きの選手」を警戒してDFラインを下げるので、1人だけ逆方向に動くレバンドフスキは浮いた状態になりやすい。

この場面で、バイエルンはまさにそれを利用しました。ムシアラがフリーのレバンドフスキに縦パスを入れ、レバンドフスキは反転して前方へパス。コマンが裏に飛び出たミュラーにスルーパスを出し、ミュラーが得点を決めました。

大きな枠を作り、前方への動きで相手を押し下げ、レバンドフスキだけが2列目に降りて起点になる。そこが消されたらサイドから前向きの選手にクロスを合わせる。バイエルンの得意とする戦法でした（2021年夏にナーゲルスマンが監督に就任したことで、違う攻撃の形も見え始めているので、それについては3章で詳しく触れたいと思います）。

大きい距離の落とし穴

ただし、大きい距離で囲むサッカーには落とし穴があります。本来はパスコースを作るための陣形なのに、「ピッチを広く深く使う」こと自体が目的になってしまうと、選手同士が分断されてしまうんです。

足が止まってパスコースを作るための動き直しをやらないと、ただ開いて立っているだけの状態になります。そうするとボール保持者が孤立し、相手のプレッシングの餌食になる。パスコースも少ないので、カットされやすくなります。

図16　アーセナルの分断された囲み

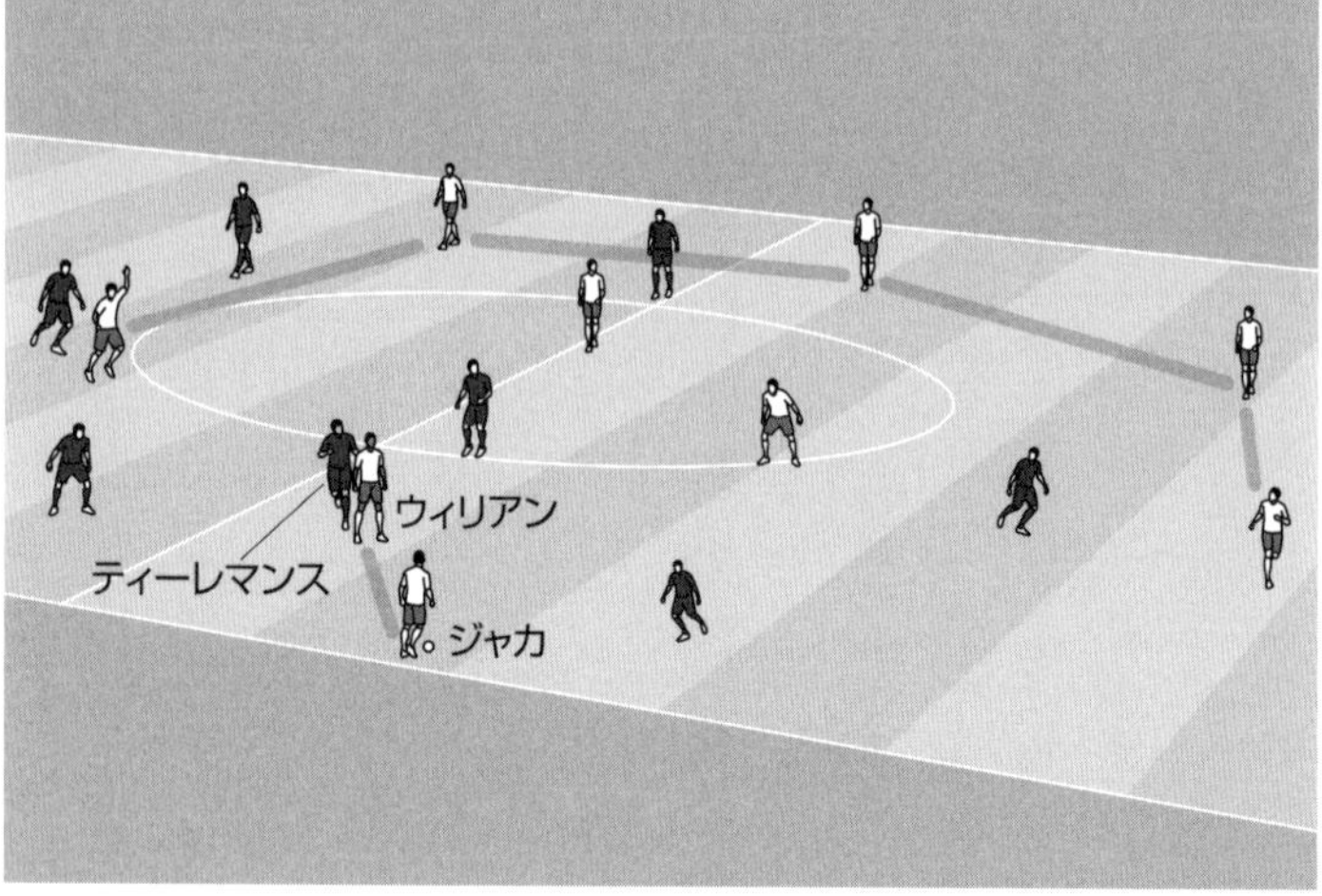

2021年2月、レスター対アーセナルの前半6分の場面。アーセナルはピッチに広がって立ちすぎ、ジャカとウィリアンが孤立。ボールを奪われて失点してしまった。

この落とし穴にはまったシーンが見られたのが、フランク・ランパード監督時代のチェルシーでした。選手がピッチに広がって立つのですが、パスを受けた選手へのサポートが乏しい。結局サイドへのパスコースしかなくなり、そこでボールを失うということが続いた印象です。

チェルシーにはジルー（現ACミラン）のような背の高いFWがいたので、力勝負をすれば点を取れることもありましたが、それだけでは成績は安定しませんでした。

ミケル・アルテタが率いるアーセナルも似た現象が起きていたと思います。

2021年2月、レスター戦におけるアーセナルの失点シーンを図16に示しました。ジャカが左サイドライン側でウィリアンへパスを出しますが、レスターのティーレマンスに奪われてしまいます。ティーレマンスはそのままドリブルでペナルティエリアに侵入し、右足を振り抜いて先制点を決めました。

ジャカとウィリアンのミスに思えますが、他の選手の立ち位置を見ると問題点が見えてくるでしょう。選手が離れすぎていて、ボール保持者のジャカの近くにいるのはウィリアンだけで2人が孤立しているのです。ピッチの幅を広く使って攻めたいのはわかりますが、これでは本末転倒でしょう。

パスを引き出す意識も動きも乏しく下手に広がるだけだと、チームとしてのつながりがなくなってしまいます。

自分たちの距離を保つ

ここまで良い例も悪い例も見たことで、チームごとに得意な距離感があり、「自分たちの距離」で攻撃する大切さをわかってもらえたのではないでしょうか。

ただし、サッカーというのは攻守一体です。「自分たちの距離」を保って攻撃するには、守備のときに「自分たちの距離」を崩してはいけません。

図17　陣形が崩れると反撃できない

2020年10月、ボルシアMG対レアル・マドリードの後半48分。ボルシアMGは陣形が崩れて前に出られなくなり、レアルの波状攻撃にさらされて同点に追いつかれた。

よくある悪い例は、相手のサイドバックの攻め上がりに引きずられ、自分たちのウイングが後方に下がりすぎてしまうことです。

こうなってしまうと、たとえボールを奪えたとしても、前方へのパスコースが限られているためいい攻撃ができず、奪い返されてしまう確率が高い。苦し紛れにクリアしたとしても、前線にいる味方は少ないため相手に拾われ、波状攻撃を仕掛けられてしまいます。

図17に2020年10月のボルシアMG対レアル・マドリードの一場面を示しました。レアルが93分にゴールを決めて追いついた試合です。

センターバックのセルヒオ・ラモス

（現パリ・サンジェルマン）が前線に上がってきたこともあり、ボルシアMGは全員が下がって防戦一方になってしまいます。図17は右サイドバックのベンセバイニがクロスをクリアした瞬間なのですが、1トップのエンボロまでペナルティエリアの前に戻っているため、クリアはすぐに相手に拾われてしまいます。その流れから再びクロスが上がり、カゼミーロに頭で決められてしまいました。

自分たちが再び攻撃に転じるには、守備のときに陣形を崩さないことが大事です。だから私は選手たちに「簡単に相手を受け入れてはいけない」と言っていました。相手を受け入れて下がりすぎると、自分たちの攻撃に移ることができなくなります。

トッテナムの守備陣形の鍵はソン・フンミン

陣形を保って守っている例を見てみましょう。

図18はトッテナム・ホットスパーの守備時の陣形です（2020年12月のクリスタル・パレス戦）。左MFのソン・フンミンの立ち位置に注目してください。守備が下手な選手だと、相手サイドバックを警戒してよりサイドの後方に立ってしまうのですが、ソンは違います。パスがサイドに出てから対応しても十分に間に合うので、中央

図18　ソン・フンミンの守備

2020年12月、クリスタル・パレス対トッテナムの前半9分。ソン・フンミンは2本のパスコースを狙える位置に立ち、相手を牽制。自分たちの陣形を保てている。

図19　高い位置に留まるメリット

2020年11月、トッテナム対マンチェスター・シティの前半11分。ソン・フンミンが下がりすぎないため、ボールを奪ったあとに鋭いカウンターを仕掛けられる。

左寄りの高い位置に留まっています。実際、この場面ではサイドにパスが出た瞬間、ソンは踵を返して相手右サイドバックに向かい、相手がトラップした隙にボールを奪いました。

次に、トッテナムが2対0でマンチェスター・シティに勝利した試合（2020年11月）の一場面を図19に示しました。ソンは右MFの場所にいます。ソンはこの場面でも対面するサイドバックの上がりに引きずられず、中央右寄りで高い位置を保っています。シティのウォーカーが中央にパスを出すと、トッテナムのケインとエンドンベレが挟み込み、近づいてきたソンがこぼれ球を拾い、一気にカウンターに転じました。

攻撃も守備も、自分たちのピッチサイズを保つ

もちろん陣形を崩してでも後ろに下がって、守らなければならないときもあります。我慢する時間帯は90分の中に必ず出てくるでしょう。

そんなとき重要なのは、崩れた陣形をいかに立て直して、自分たちの距離感に戻すかです。あえて遠くにクリアしてその間に陣形を整えてもいいし、ボールを奪ったあ

とにカウンターに移らず、陣形を整えるためのパス回しをしてもいい。

守備で自分たちの距離を保てていたら、攻撃もうまくいく。攻撃で相手の距離を壊したら、相手はすぐに反撃できないので守備もうまくいく。まさに攻守一体です。

サッカーの主導権争いは「いかに自分たちのピッチサイズを保つか」の攻防でもあるわけです。

話をまとめましょう。

ＧＫから攻撃が始まったら、まずは自分たちが得意とする距離で相手を囲み、敵陣へと侵入していく。そのときに大事なのは、どんな距離感だろうが全員でパスコースを作ることです。

そして敵ゴール前に近づいたら、いろいろな方法で前向きの選手を作り、相手ＤＦラインを攻撃する。ゴール前で敵１人を攻略できれば、完全にフリーな選手を生み出し、ゴールの確率が一気に高まります。

相手を囲む。

センターバックを攻撃する。

ペナルティエリア内で、フリーでシュートを打つ。

これが攻撃の定石です。

第3章

欧州プレイヤー&クラブ解説

1章、2章ではうまくいっているチームといっていないチームの違いはどこにあるのか、いろいろなポイントを紹介しました。

・ゴール前の崩しでセンターバックを攻撃できているか?
・ボールより前にいる攻撃者が何人、前を向いているか?
・ビルドアップで相手を囲めているか?
・どんな距離感でサッカーをしているか?
・ボール保持者がパス後に動き直せているか?
・守備で攻撃のための陣形を保てているか?

本章ではそれらをヨーロッパのトッププレイヤーやビッグクラブ、監督に当てはめて考えてみたいと思います。

リオネル・メッシ

ヨーロッパのトッププレイヤーといえば、やはりバロンドール最多受賞者、リオネル・メッシ（現パリ・サンジェルマン）でしょう。

メッシがいた頃のバルセロナの戦術を一言で言えば「戦術＝メッシ」。バルセロナのパフォーマンスは「いかにいい形でメッシにボールを渡すか」にかかっていました。

相手もそれをわかっていますから、必死にメッシを捕まえようとします。それでも捕まえられない。どのチームも対策を講じるのに、体にも触らせずにかわしてしまうのがメッシです。

いったいなぜそんなことが可能なのでしょうか。ここでは「見る」「ポジショニング」「止める・蹴る」「ロックオン」「急加速」という5つの能力について見てみたいと思います。

見る――ボールが来るぎりぎりまで周りを見ている

転がっているボールというのはちょっとしたピッチの凹凸で微妙に方向が変わることもあるので、「止める瞬間」というのは誰でもボールを見なければなりません。それはメッシでも同じです。

では、何がメッシと普通の選手が違うかと言えば、「どのタイミングでボールを見るか」なんですよ。

図20　ボールから目を切る技術

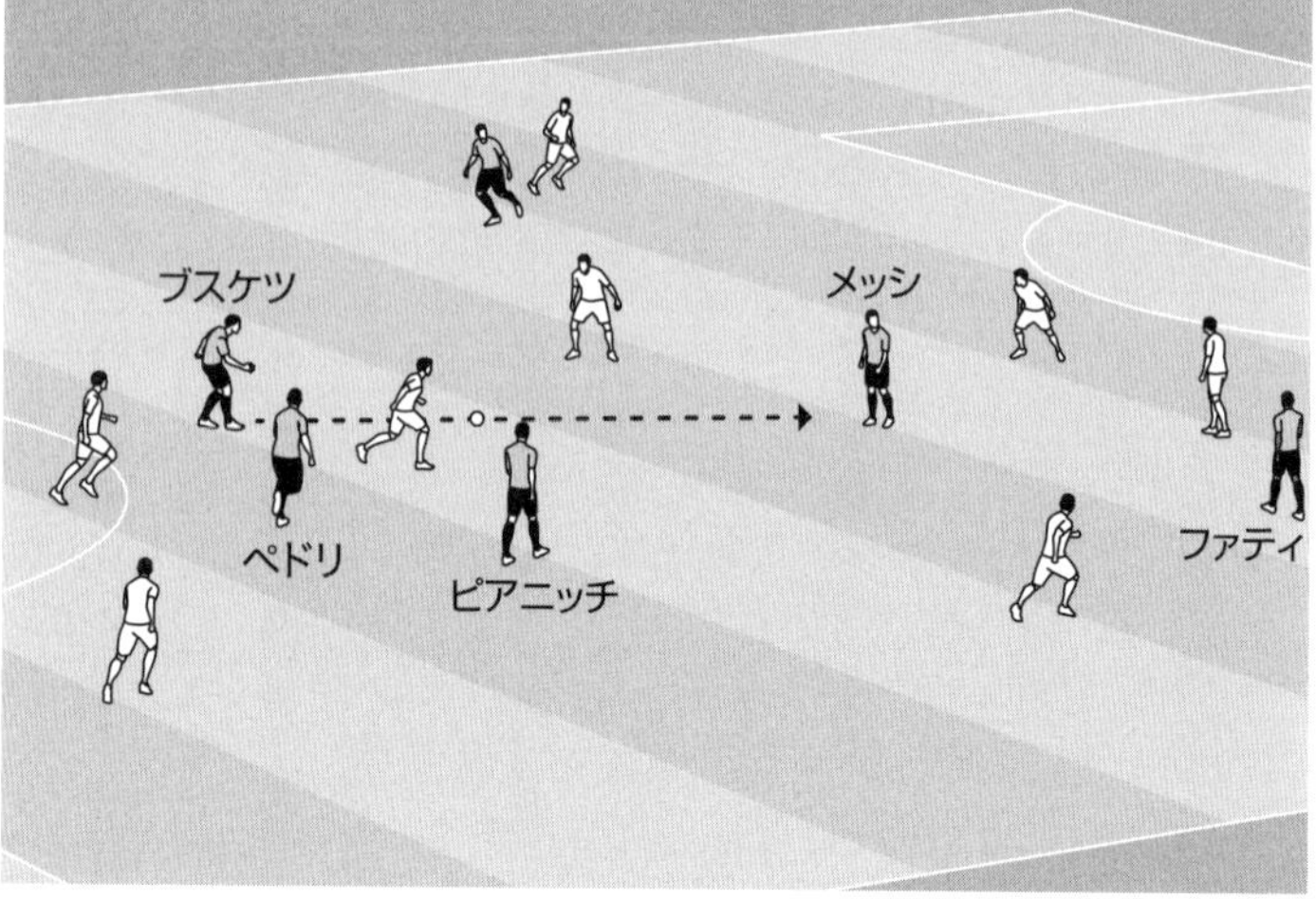

2020年10月、ユベントス対バルセロナの後半44分。メッシは足元にパスが届くぎりぎりまでボールから目を切って周囲を見ている。止める技術が高いからこそできる。

メッシは味方から自分へパスを出されると、足元にボールが来る直前までほとんどボールを見ていません。直前まで首を振って周りの状況を見ている。で、ボールを止める瞬間だけ足元を見るんです。

図20に2020年10月のユベントス対バルセロナの一場面を示しました。ブスケツがパスを出し、ボールが自分へ向かっている間に、メッシが自分の左側を見ているのがわかると思います。

最近、大学の先生に協力してもらい、カメラ付きの特殊なメガネを用意し、選手がプレー中にどこを見ているかを調べたことがありました。標準的な大学生選手にメガネをかけてプレーしてもらったら、カメラにずっとボールしか映っていませんでした。つまりボールばかり見ている。

メッシに同じ計測をしたら、おそらく足元に来るまでボールはほとんど映らないのではないでしょうか。ボールを止める直前、一瞬だけボールが映る感じでしょう。パスを正確に止めようと思ったら、ボールをしっかり見なければならない。だからほとんどの選手はボールに集中します。それに対してメッシは、一瞬だけ下を見てボールを止める。

私はよく選手にこう言います。

「自分に向かってパスが出されて、ボールが芝生の上を転がっている間は、ボールは誰のものでもない。自分へパスが来るという未来は変わらないので、その間に状況を確認するチャンスだ。ボールが動いている間に周りを見よう」

メッシはものすごく速いプレースピードの中で、これをやっています。

ポジショニング――あえて歩いて狙えなくする

メッシはチームの中で歩くことを許されていて、プレーに関与できなさそうな場所でうろうろしていることも多いです。

でも、そうやって歩くことで、捕まりづらくなっているんですよね。相手がマークの受け渡しで対応しようとしても、メッシがなかなか自分の方へ近づいてこないので捉えるタイミングを計りづらい。守る側としては対応がすごく難しい。

逆に味方からすると、メッシはあまり動かないので、位置を確認しやすいという利点がある。

実は図20がまさに「歩いた」ことでフリーになった場面でした。

ピアニッチ→ペドリ→ブスケッツとパスが渡る間、ユベントスの守備陣は裏のスペースを気にしたり、ゴールへの直線ルートを消そうとしたり、少しずつ立ち位置を修正します。そんな必死のＤＦを横目にメッシはほとんど動かず悠然と歩き、図20のように完全なフリーな状態になりました。

ちなみにメッシはここからパスを受けると反転してファティにスルーパスを出し、ファティが倒されてＰＫをゲット。メッシはＰＫキッカーを務め、ＧＫの逆を突いて追加点を決めました。

バルセロナがパスを回して、守備側がそれに合わせて立ち位置を修正していると、いつの間にかメッシが浮き上がるようにフリーになっている。バルセロナのパスによる揺さぶりが、メッシの「歩き」の効果を高めています。

歩くのが得意といえば、レバンドフスキもそうです。

メッシとレバンドフスキは試合中に歩くことができる選手で、その共通点は「空白」と「連続」。「空白」とは、パス回しに絡んでおらず、試合から消えているように見える状態のこと。「連続」とは、1度狙いのある動きをして成功しなくても、すぐに他の狙いを準備し、実行しようとし続けることです。

歩いた状態の攻撃者というのは、守る側からすると戦闘能力を失った状態に見えます。何を狙っているかわからず、何も狙っていないようにすら感じてしまいます。しかし、彼らは歩いているだけのように見えるときでも、その間に目という武器を使ってあらゆる情報を入れ、敵に気づかれないようにプレーを進めている。2021年3月のドルトムント戦（24節）がいい例です。一度飛び出してオフサイドポジションにいるときは、味方からパスが出てこないのでレバンドフスキは歩いている。ところが歩きながら相手の背後側に回り、その後ザネのクロスに合わせてゴールを決めました。

ボールが出てこないときには歩いている。そして目をボールから切ることもしばしばある。しかしゴールを取ったシーンを振り返って見ると、その一つひとつのプレーがものすごく合理的で的確なんです。

ボールが出てこないときに動いても意味がない。ボールが出てこないときに他のものを見ることで情報を入れているので、ボールを視野に入れる必要はない。逆に言えばボールが出てくるときには必ず受けに入り、コースがあるところを必ず見つける。そしていなければいけないところに常に立ち続けている。こういうことをできる選手はプロのトップでも本当に限られています。

メッシやレバンドフスキはこの静と動、空白と連続によって、相手にとってはどうにも対処しようがない選手になっています。

もう1つ、2人の共通点はシュートテクニックの多さ。シュートまで持っていく技術がずば抜けていても、それを決めるシュート技術がなければこうはならないということを付け加えておきましょう。

止める・蹴る――基礎技術の高さで時間短縮

トラップからボールを蹴るまでにかかる時間を想像してみてください。

(1)止める、(2)蹴りやすい位置に軸足を踏み出す、(3)蹴る、という「1、2、3」の動作

(1)止めた瞬間に蹴れる位置にボールを置く、(2)蹴る、という「1、2」の動作

この2つを比べたら、どちらが蹴るまでに要する時間が短いでしょう？　当然、後者の「1、2」の方が速いですよね。

これらの動作をものすごく自然に、ものすごく速くできるのがメッシです。

野球のピッチャーで言うところのクイックモーションですが、メッシの場合、慌てている様子が一切なく、いつもと変わらぬ動作でやってしまう。このちょっとした動作で攻撃を一瞬で速め、相手を混乱に陥れます。

「1、2」のモーションをリズムで表すと普通は「タン、タン」ですが、メッシの場合「タタッ」って感じです。私は日頃から「止める・蹴る」の重要性を唱えていますが、これこそ本物の「止める・蹴る」。

1人で時計を早回しして、攻撃のテンポを上げられます。普通の選手が1秒かかるプレーを0・5秒で行う感じで、DFからしたら「どこにパスが来るか？」と構えた瞬間には、もうパスが出ているような感覚でしょう。

わざとゆっくりしたリズムでプレーしておいて、急に「止める・蹴る」を速めて、相手の虚を衝くこともできます。

ターンについても同じです。普通は「止めて、反転して、ドリブル」という1、2、3の動作ですが、メッシは「ボールの動きと一緒に反転しながら前へ進む」というクイックモーションで行います。

メッシのターンをより細かく見ると、まずボールをあえて完全に静止させず、進みたい方向に転がします。同時に自分はその方向に動き出し、ボールは体から離れません。どこへでも蹴れる位置に置かれています。

プロの選手でもターンでボールを前へ転がしたときは、ボールが体からわずかに離れるものです。DFはそれを見越して、少し離れたポジションを取ります。

ところがメッシの場合、タタッと反転して場所と時間を使わないから、DFは狙える位置にいるはずなのに間に合わない。警戒して、取る気マンマンなのに体にすら触れられない。

普通の選手ならターンした瞬間にDFから寄せられるところを、メッシは軽々と前を向く。そうなったらどこへでもパスを出せるので、相手は飛び込めなくなります。

ボールを思い通りに止められる技術の正確さと、ステップの踏み替えを必要としない身のこなしが合わさって、圧倒的なプレースピードを生み出しています。

逆に言えば、プレースピードを速めたかったら、「止める・蹴る」の技術を高めればいいのです。

ロックオン──パスで相手を狙い撃ちする

メッシは周りをしっかり見ていると最初に書きました。「見る」ことについてさらに踏み込んで言うと、「どこを狙うか」というターゲットを絞る能力がとても優れています。

ゴール前には守備者がたくさんいますが、1人がカバーできるエリアには限界がありますよね。つまり全員を崩す必要はなく、DF1人を攻略すればチャンスを作れるわけです。

メッシはパスが来る前に周囲を見て、DFラインの中の誰を狙うかを絞ります。1人をロックオンしたら、その選手がぎりぎり届かないところ（動きの逆を突いたぎりぎりのコース）へパスを出す。

同時にメッシは細かい駆け引きをします。パスを出す方向へ目線を送らず、どこを見ているかわからないような顔の向きを作る。あえてうつむく感じにしていることが多い。おそらく間接視野で見ているのでしょう。

図21に2020年11月のバルセロナ対オサスナの一場面を示しました。他のバルサの選手が左サイドでパスをつなぐ中、メッシだけ右サイドのライン側を歩いて展開を

図21-1　的を絞れば人数は関係ない

2020年11月、バルセロナ対オサスナの前半29分。メッシがボールを持つと味方が一斉にアクションを起こした。だが、ほとんどの選手は相手の背中を取れていない。

図21-2

メッシが選択したのは逆サイドのアルバだった。アルバの最も近くにいた相手DFはオフサイドを取ろうとして上がったため、完全に逆を突く形になってパスが通った。

見守っていると、そこにパスが送られてきます。

右サイドバックのデストが縦へ走り出し、グリーズマンが2列目に降りてパスを受けようとし、遠いサイドでブライトバイテとコウチーニョが裏へ飛び出そうとしました。あなたがメッシだったら、どこにパスを出しますか？

メッシが選んだのは、その誰でもなく、最も遠くにいたアルバでした。メッシが対角線の長いパスを送り込むと、オサスナの右サイドバックは完全に裏を取られ、守備組織がバラバラになります。アルバからパスを受けたコウチーニョのシュートはＧＫに弾かれますが、こぼれ球をブライトバイテが押し込みました。

図21をよく見ると、オサスナの右サイドバックはコウチーニョをオフサイドにしようとし、ＤＦラインを上げ、前方へ動いてしまっています。まさにその瞬間メッシはパスを出しているので、余計に右サイドバックは反応が遅れました。メッシクラスなら、そこまで予測していても不思議ではありません。

メッシより前にいるフィールドプレイヤーの人数を比べると、オサスナ8人対バルサ5人です。しかし1人が破られたら、何人守備者がいても組織は崩れるのです。

よく攻撃では数的優位・数的不利という敵味方の人数が議論されますが、このメッシのプレーを見たら、そういう一般論はあまり意味がないことがわかるでしょう。

単純化して言えば、攻撃側は「パスの出し手＋受け手」、守備側は「ロックオンされたＤＦ」という構図。周りにどんなに敵がいても、狙いを定めれば「2対1」に持ち込める。

パスの出し手と受け手がイメージとタイミングを合わせれば、相手がどんなに守っていようと、守備者1人を破り、ゴールすることができるのです。

急加速――全速力でゴール前へ入っていく

メッシは試合中によく歩いていると書きましたが、チャンスとなったら話は別です。急に加速し、全速力でゴール前へ入っていきます。

典型的なのが、メッシがパスを味方に出した瞬間、猛烈な勢いでゴール前へ入っていくという動き。

まさに図21の流れで決まったゴールの場面がそうです。

メッシは対角線の長いパスを出したあと、全速力でゴールへ向かって走り始めます。最後のシュートはブライトバイテが打ちましたが、そのふわりとした軌道のボールにメッシは手をかざしながら、体ごとゴールマウスの中に飛び込みました。このジェスチャーは4日前に亡くなったマラドーナに捧げたものだと言われています。

レバンドフスキやハーランドもそうなんですが、ゴールを取れる選手というのは、シュートを打てる場所を見つけて全速力で侵入していく。

こういうことを子供たちに教えないと、日本から本物のストライカーは出てこないでしょう。

話を整理すると、相手ゴール前でメッシにボールを渡せれば、「止める・蹴る」の短縮でスピードアップしたり、ターゲットを狙い撃ちにして崩したりできる。「メッシ=戦術」という意味をわかって頂けたと思います。

ただし、それはあくまでメッシが敵陣でボールを持った場合です。自陣でボールを受けた場合は、まだゴールまで距離があるので、そこからもう一崩し必要になる。メッシが我慢しきれずに低い位置に降りてくるようだと、チームとしての攻撃力は半減します。

いくら特別な選手といってもすべて1人でやれるわけではない。より力を発揮するのは相手ゴール側3分の1のエリアです。

ペップ・グアルディオラがバルセロナを率いているときは、選手がどこにどう立つかの「パズル」を作り、それによってメッシが高い位置でボールを持てるようにしました。ルイス・エンリケ時代はカウンターでメッシがゴール前に迫れるようにしました。新天地のパリ・サンジェルマンでは、どんなやり方がふさわしいか。マウリシオ・ポチェッティーノ監督は、メッシと同じアルゼンチン出身なので、コミュニケーションを取りながら新しい形を模索していくでしょう。

カリム・ベンゼマ

次にレアル・マドリードのエース、カリム・ベンゼマを取り上げたいと思います。今のレアルにおいて、特にクロスの場面で脅威になっているからです。

ここまで読んで頂いたみなさんなら理由がわかりますよね？　サイドからクロスが上げられようとしているとき、ベンゼマはほぼ必ず相手DFの背中側に立っているんです。

1章のルカクのプレーでも触れましたが、相手DFの視野の中でプレーすると、マークにつかれてしまいます。

それに対してベンゼマは相手DFの背中側をスタート位置にしており、そこから相手の前へも出られるし（表側）、裏を突くこともできる（裏側）。相手に見られていないので、プレーの変更が可能です。

ベンゼマの得意な形はボールと遠い側にいるセンターバックの背中を取ることです。そこから裏へ飛び出してヘディングシュートを狙う。相手にはまったく見えていないので「え、そこにいたの？」という感じではないでしょうか。

図22に2020年12月のレアル対ボルシアMGの得点シーンを示しました。2つとも右からのクロスにベンゼマが頭で合わせたものです。

どちらの場面でも、ベンゼマはファーサイドのセンターバックの背後を取っていますよね。

また、ベンゼマはサイドでのパス回しに絡んだとしても、そこで休まず、パスを出したあとに全速力でゴール前に戻ろうとする。ゴール前にいないと点を取れないことをわかっているからです。

日本にはサイドでパスに絡んだらボールウォッチャーになって歩いてしまうFWがたくさんいますが、それでは点は取れません。


少し視点を変えて、自分がDFだったらベンゼマをどうやったら抑えられるかを考えてみましょう。簡単ではないですが、私だったらベンゼマと勝負するのではなく、

図22-1　ベンゼマの背中の取り方

2020年12月、レアル・マドリード対ボルシアMGの得点場面。1点目はバスケスのクロスに、ファーサイドの相手センターバックの背中側から飛び出して頭で合わせた。

図22-2

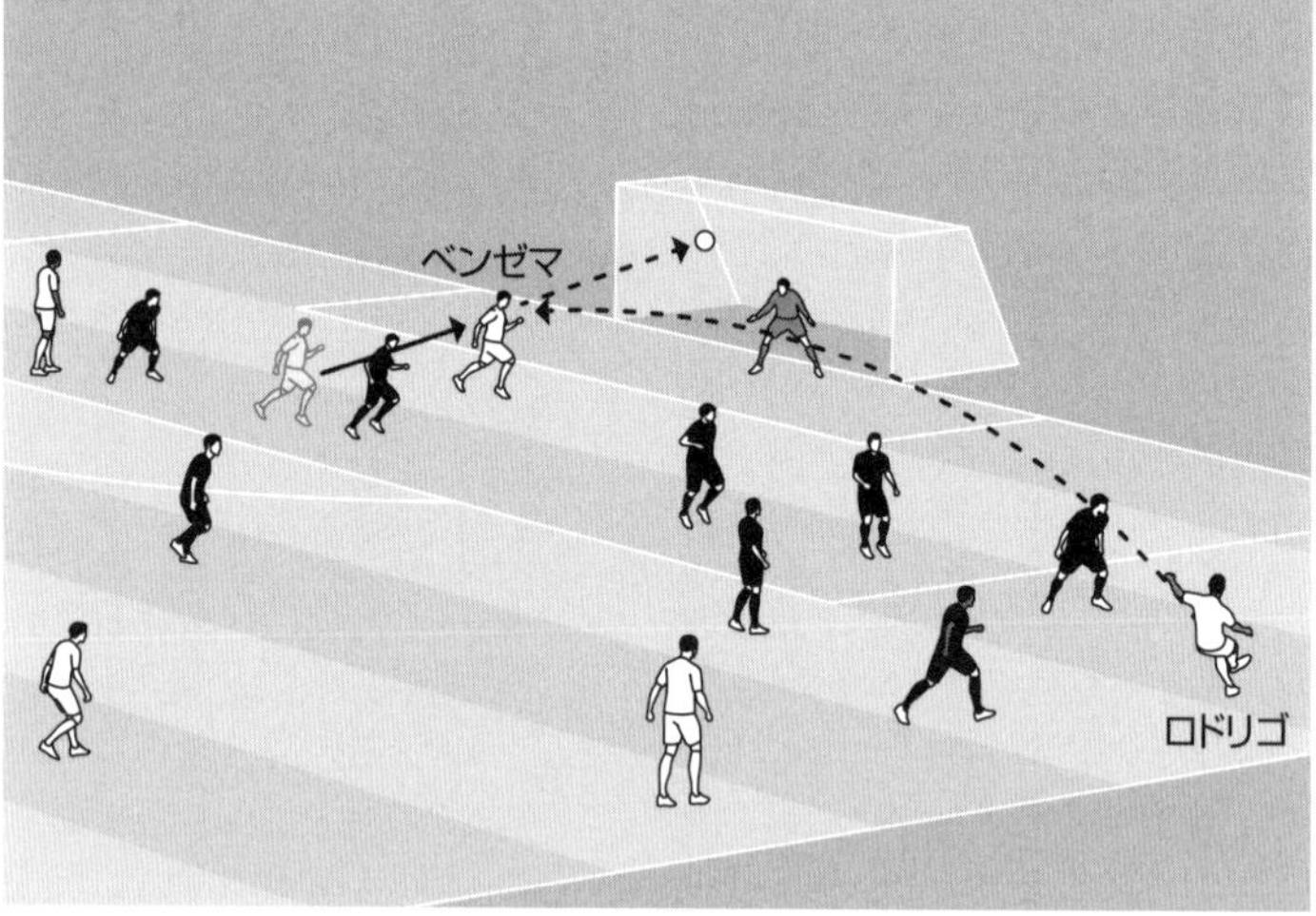

2点目もファーサイドの相手センターバックの背中側から動き出し、フリーで頭で合わせた。相手センターバックはベンゼマがどこにいるかを完全に見失っていた。

クロスのキッカーと勝負します。

キッカーの目線、軸足、体の向きなどを見て「どんなボールを蹴ってくるか」を予測し、ベンゼマより先に落下地点に入る。ボールの落下点をどっちが早く見つけられるかという勝負をするわけです。

私は身長173㎝ですが、ドイツ時代はセンターバックとしてもプレーしました。相手が勢いよく入ってきたら勝てないので、常に先に落下点を読んで入るようにしていました。

自分の最高到達点を相手に当てる。そうすると相手も十分な体勢で打てないから、あまりやられませんでした。ガーナ代表のイエボアをマークしたこともありました。

ズラタン・イブラヒモビッチ

ベンゼマと同じように、サイドからのクロスで脅威になれるのがズラタン・イブラヒモビッチです。

20－21シーズンの途中まで、ACミランが首位に立っていました。その要因の一つはやはりイブラヒモビッチだったと思います。2021年10月に40歳になった大ベテランでケガは多いですが、ピッチに立ったときには圧倒的な存在感を放っていました。ぜひクロスの場面で、イブラヒモビッチのポジショニングに注目してみてください。クロスが出てくる前にイブラヒモビッチはきちんと相手の背中を取り、そこから動き出している。動きがうまいだけでなく、高さとパワーもあるので、彼がいるだけで横からのボールが武器になります。

しかし、これは諸刃の剣でもあります。イブラヒモビッチが欠場すると、ミランはクロスに頼れなくなり、もう一崩ししなければならなくなります。

負傷時に代わりに出場することが多かったラファエル・レオンは才能豊かな22歳ですが、相手の背中を取る意識に乏しい。クロスでフリーになれないし、押し込んだ状態でも中央でフリーになれないためサイドに逃げがちです。

だからこそミランは、イブラヒモビッチがいなくても同じように攻められるように、チェルシーからヘディングが強い192㎝のジルーを獲得したのでしょう。

マンチェスター・シティ

ここからはチームごとに見ていきたいと思います。まずはヨーロッパで最も攻撃的と言われるマンチェスター・シティから入りましょう。

いいときのマンチェスター・シティというのは、ビルドアップで相手をうまく囲めていいます。距離感が良くて、すごく早くパスコースに顔を出している。ボールの周りで3人対1人といった状況が常に生まれ、相手は奪おうとしても取れず、結局後ろに下がらざるをえない。

メッシやレバンドフスキのような特別な選手はいないんですが、全員がつながって囲み続け、相手の守備が下がろうとしたときに一斉に前へ仕掛ける、というのがシティの得意な形だと思います。

相手を前に誘い出してそれをかわし、相手の守備が固まり切る前に崩すイメージ。相手は下がりながらの守備になるので、その場面だけ見たらカウンターのような攻撃です。

シティを率いるペップ・グアルディオラは人の配置＝パズルを作るのがうまい監督ですよね。相手をうまく囲めていないようなときは、選手の立ち位置をうまく変えて、パスコースが生まれやすいように修正する。

ただし、高い位置でのボール奪取を諦め、最初からゴール前に引いてくる相手もいますよね。その場合、ゴール前の崩しが必要になります。

より具体的に言えば、最後の場面で人を外さなきゃいけない。センターバックの背中を取れるか、そういう選手が複数いるか、といったことが重要になってきます。くどいようですが、シティにはメッシやレバンドフスキのような特別なスコアラーがいません。最後の局面で、個人で違いを生み出してくれる選手がいないのです。一時期チームとして調子を落としているときは、ゴール前に近づいても裏に仕掛ける選手が少なく、DFラインを攻撃できていませんでした。

その問題点にグアルディオラも気づいていたのでしょう。前線にあえてセンターFWタイプを置かず、流動的に選手が前へ出るやり方を取り入れ、引いた相手を再び攻略できるようになりました。

バイエルンやバルセロナでは試合を決める力のある選手が多くいて、やはり個人を軸とした自由と規律のあるサッカーを彼は作り上げてきました。しかしシティではあらゆる選手を使い、良い意味で替えのきくチームを作ってきた気がします。驚きというよりも、堅実で手堅いサッカー。一年を通して安定して戦えるチームを作り上げました。これもまたこれからの新しい形と言うことができるかもしれません。また、このチームに強烈なスコアラーが入り、変化していく姿も楽しみです。

バイエルン・ミュンヘン

伝統的にバイエルンも攻撃的なチームとして知られています。1章でも触れましたが、あらためて20－21シーズンまでの彼らのやり方をまとめたいと思います。

まず自陣のゴール前で左センターバックのアラバ（現レアル・マドリード）がボールを持ったときを想像してみましょう。前方ではたくさんの選手がフリーになろうとしていると思います。

そのときのバイエルンの特徴は、敵ゴールに背を向けてパスを受けようとする選手が少ないことです。中央のエリアが密集していても、構わずミュラーがそこに走り込みます。相手を背負って受けようとする選手はレバンドフスキくらいです。

そういったアクションをしたうえで、もし中央のエリアにパスコースがないときは、サイドにボールを運び、そこからクロスを狙います。

クロスというのはパスのタイミングがわかりやすく、みんなが前向きに入っていきやすいという特徴があります。なおかつバイエルンの場合、ただ走り込むだけでなく、一斉にＤＦの背中を狙う。その結果、ＤＦは相手を見失ってパニックになります。

バイエルンのクロスは、大まかに言えば、敵が届かない位置に入れます。味方がどこにいるかが基準じゃないんですよ。受け手もそれを心得ていて、敵が届かない位置に来ると予測している。ミュラーやレバンドフスキは、クロスのときに相手が届かないところへほぼ必ず動いていています。

中央ではみんな仕掛けが速く、後ろ向きで受ける選手が少ない。そこにパスが出せないときは、すぐにサイドにいる選手がクロスを狙い出す。それが合図になって、みんな前向きに仕掛ける。合理的かつ速く、それが連続しています。

バイエルンが嫌らしいのは、ロングボールによる崩しも持っていることです。バイエルンの選手たちはセカンドボールの回収力が高いんですね。身体能力が高いうえに、イーブンなボールでどう足を当てればいいかわかっているからです。

だから平気でわざとアバウトな長いボールをレバンドフスキやミュラーに入れ、こぼれ球を回収してショートカウンターを仕掛けようとする。アバウトなボールは自分たちがつなぐのも難しいですが、相手にとってもつなぐのが難しい。バイエルンは実に引き出しが多いチームです。

ただしこれは20-21シーズンまでの話です。2021年夏、ユリアン・ナーゲルスマンがバイエルンの監督に就任しました。チームとしてのスタイルが根付いているところに、34歳の若き指揮官が自分の色をどう加えていくのか、この先楽しみな部分です。

ユリアン・ナーゲルスマン

ナーゲルスマンのやり方を掘り下げるために、まずは彼が率いていたときのライプツィヒに触れたいと思います。当時のライプツィヒの特徴は、各選手のトラップが丁寧かつ正確で、ボールをきっちり止めていることでした。

敵がいないと少し雑なんですが、敵がいるとちゃんと止める。正確に止めると、蹴るまでの動作を最短時間でできるので、プレーが速くなります。

ピタッと止めると、どこへでもパスを出せるから、敵は飛び込めなくなる。ライプツィヒの選手たちは、常に2タッチでボールを動かせる位置に置こうとしている。3タッチ、4タッチになったらミスという感覚があったんじゃないでしょうか。

パスコースにもきちんと顔を出している。ミスを恐れず、すごく大胆にもらいに行く。全員がもらいに行くのでフォーメーションが多少崩れるんですが、そのあとにすぐに自分の位置に戻ろうとしている。サイドからもパスを受けるためにどんどん中へ入っていきます。全員にボールを受ける意識が徹底されています。

20－21シーズン、CLのマンチェスター・ユナイテッド戦では相手が必死に取りに来ても、かわしていましたね。基本を正確にやれば、走る速さは関係なくなるという好例です。

「止めて蹴る」、「パスコースに顔を出す」といった基本をマンチェスター・シティよりも忠実にやっている。個人の驚きは少ないけど、チームの驚きがある。ナーゲルスマン時代のライプツィヒはすごくおもしろいサッカーをしていました。

とはいえ、若手が多いライプツィヒと違い、バイエルンにいるのは世界トップクラスの選手ばかりです。さらに夏に開催されたＥＵＲＯ２０２０のために代表選手の合流が遅れ、ほとんど全員がそろって練習できないまま開幕を迎えました。自分の色を出すには時間がかかるのが普通でしょう。

実際、21－22シーズンが開幕してから最初の2試合は、フリック前監督時代とあまり違いが見られませんでした。

ところが3節のヘルタ・ベルリン戦で、突然大きな変化が起こったのです。おそらくようやく戦術的な練習をできたのでしょう。前監督時代とピッチに立っている選手はほとんど同じなのに、「箱の大きさ」や「テンポ」が新しいものになっていました。

ナーゲルスマンになってからの一番の変化は、中央への仕掛けがすごく速くなったことです。

前監督時代はピッチの幅いっぱいにウイングやサイドバックが広がり、ビルドアップで中央への縦パスを狙いつつも、そこにコースがないときは外側の選手へパスを送り、クロスから崩すスタイルでした。それによってバイエルンは19－20シーズンにCLで頂点に立ちました。

一方、ナーゲルスマン率いるバイエルンは、ウイングがどんどん中へ走り込み、極端に中央に人が集まってきます。サイドを経由せず、真ん中で決着をつける。極端に言ったら、ペナルティボックスの幅だけでサッカーをやる感じです。

もちろんゴールキックや流れの中でライン側に選手が立つこともありますが、明らかに「最短距離でゴール前に迫る意識」が高まりました。サイドバックまでもがペナルティエリアの中に走り込んできます。

中央に人を集めて相手の陣形を崩し切り、ボールを失ってもすぐ近くに味方がいるため、奪い返しやすいのも特徴です。

この変化によって、覚醒しつつあるのがザネです。サイドに大きく開いているときは選択肢が制限されて窮屈な印象でしたが、自由に中央へ入れるようになり、柔らかいタッチのドリブルやアイデア溢れるパスをさらに発揮できるようになりました。

そして圧巻はレバンドフスキです。

攻撃が縦に速くなればなるほど、FWがボールから目を切れる時間は短くなります。ボールウォッチャーになってもおかしくありません。

にもかかわらず、レバンドフスキは今まで通りにボールから目を切り、相手の背中を取り続けることができています。どんなに速い攻撃の中でも、相手センターバックを操れる。本当にすごいストライカーですよ。

ゴールに迫る意識が高まったことで、少し戸惑いが見えたのがキミッヒです。前監督時代は余裕を持って顔を上げ、前を向いてボールをコントロールできていた場面が多かったのですが、ナーゲルスマンの下では判断が間に合わず、横パスが増えた印象を受けました。

ただし、やはり個人の戦術理解度が相当に高いのでしょう。5節のボーフム戦では新基準の速さに適応し、ゴール前に頻繁に顔を出して2ゴールを決めました。

バイエルンクラスのチームになると、監督だけでなく選手も戦術家なんだとあらためて思いました。

リバプール

シティともバイエルンとも攻撃のスタイルが違うと言えるのが、リバプールです。リバプールは前線の選手のスピードを生かして相手を大きく囲むチームです。みんなが1対1に強く足が速いので、陣形を大きく広げた方が走るためのスペースを作れる。自分たちのピッチサイズに持ち込んで、優位に立とうとします。バイエルンと比べると攻撃の厚みはないですが、前へ出るスピードは上です。ボールを奪ったあとに、前へパスを出すのがとにかく速い。

カウンターのときに前向きの選手がたくさんいて、ボール保持者を追い越す選手もいるし、DFラインの裏を狙う選手もいる。ボールを奪うと、みんながストライカーになるイメージです。

でも、魅力的だからと言って、日本のチームが真似しようとすると痛い目にあうと思います。日本人選手だと、この距離だと1対1の場面が多くなりすぎてしまう。もっと密集させた方が、俊敏性や細かいステップで勝負できると思います。

また、リバプールには課題もあります。相手を押し込んだときの攻撃はあまり得意としていないですよね。ピッチでワイドに広がっているだけになり、相手の視野の前だけで動き、ただパスをつないでいるだけになることがあります。

20－21シーズンはセンターバックの度重なる負傷離脱が痛かったですが、この部分にも低迷の原因があったでしょう。

押し込んだ状態での攻撃で、全員がゴールに背を向けてしまったとき、どうやって前向きの選手を作るか。それが鍵です。

トッテナム・ホットスパー

カウンターについて語るなら、忘れてはいけないのはトッテナムでしょう。

いいカウンターを仕掛けるために最も大事なことは、守備のときに自分たちの陣形を崩されないことです。たとえば、FWが後ろに下がりすぎると、せっかくボールを奪っても前へ出ていけません。

そのお手本がトッテナムです。20－21シーズン途中にジョゼ・モウリーニョ監督が解任され、21－22シーズンからポルトガル人のヌーノ・エスピーリト・サントが率いていますが、この特徴は変わっていないと思います。

トッテナムの最大の武器は2人のFW、イングランド代表のハリー・ケインと韓国代表のソン・フンミンですよね。特にモウリーニョ監督時代、トッテナムは彼らのスピードを生かすために、2人が前に残れるような陣形で守備をしていました。

DFラインは深めに設定されているんですが、前の選手が戻りすぎない。たとえばソン・フンミンは下がりすぎず、相手サイドバックと相手ウイングの中間に立って、2つのコースを消すように守備をします。パスを出させないようにし、出されたとしてもすぐに近づける位置に立つのです。だからボールを奪ったときに、すぐにカウンターへ移行できるんですよ。

無駄につなごうとするチームは、トッテナムの餌食になります。

自分たちの陣形が崩れていたら「相手にボールを持たれている」という状態ですが、自分たちの陣形が崩れていなければ「相手にボールを持たせている」という状態になるわけです。

守備で相手をコントロールする。それがトッテナムのすごいところだと思います。

アトレティコ・マドリード

ディエゴ・シメオネ監督率いるアトレティコ・マドリードも、守備で崩されないからカウンターをできるいい例です。

アトレティコの守備の特徴は、どこで守るかを変えられること。敵陣だったり、真ん中だったり、自陣だったり。弱い相手との対戦だったら前から守備に行けるし、強い相手との対戦だったらゴール前を固められる。

シメオネ監督が来た最初の頃に比べて、技術が上がっていると思います。パスをつなぐときに、受け手が顔を出せるようになってきた。もちろんバルセロナのようなボールを持とうとするチームよりぎこちないですが、それでもパスコースに顔を出そうとしている。技術が伴ってきたから、ボールを奪ったあとのスピードも上がっています。

ボルシア・ドルトムント

監督交代によってバイエルンのサッカーが変わったと書きましたが、それはドルトムントも同じです。20－21シーズンは途中からエディン・テルジッチが率いましたが、2021年夏にマルコ・ローゼが新監督に就任しました。

テルジッチ時代のときの問題は、攻守で間延びして「箱」が広がり、攻撃ではつながりが弱まってパスコースが限られ、守備ではブロックに穴ができやすかったことです。

その原因の一つにもなっているのが、センターバックのマッツ・フンメルスだったと思います。

守備でフンメルスが裏を取られるのを恐れ、後ろに下がりがちなんですよね。ドルトムントは2020年12月のシュツットガルト戦で5失点したんですが、ほぼフンメルスが絡んでいた。

フンメルスがぐっと下がることで、ゴールへのルートを塞いだように見えるんですが、相手がパスを受けられる隙間が生まれてしまう。以前はそんなことはなかったんですが、スピードが衰えたのか、チームのつながりを壊してしまっています。

2021年3月のマンチェスター・シティ戦でも、その弱点が出てしまいました(図23)。

図23　フンメルスの課題

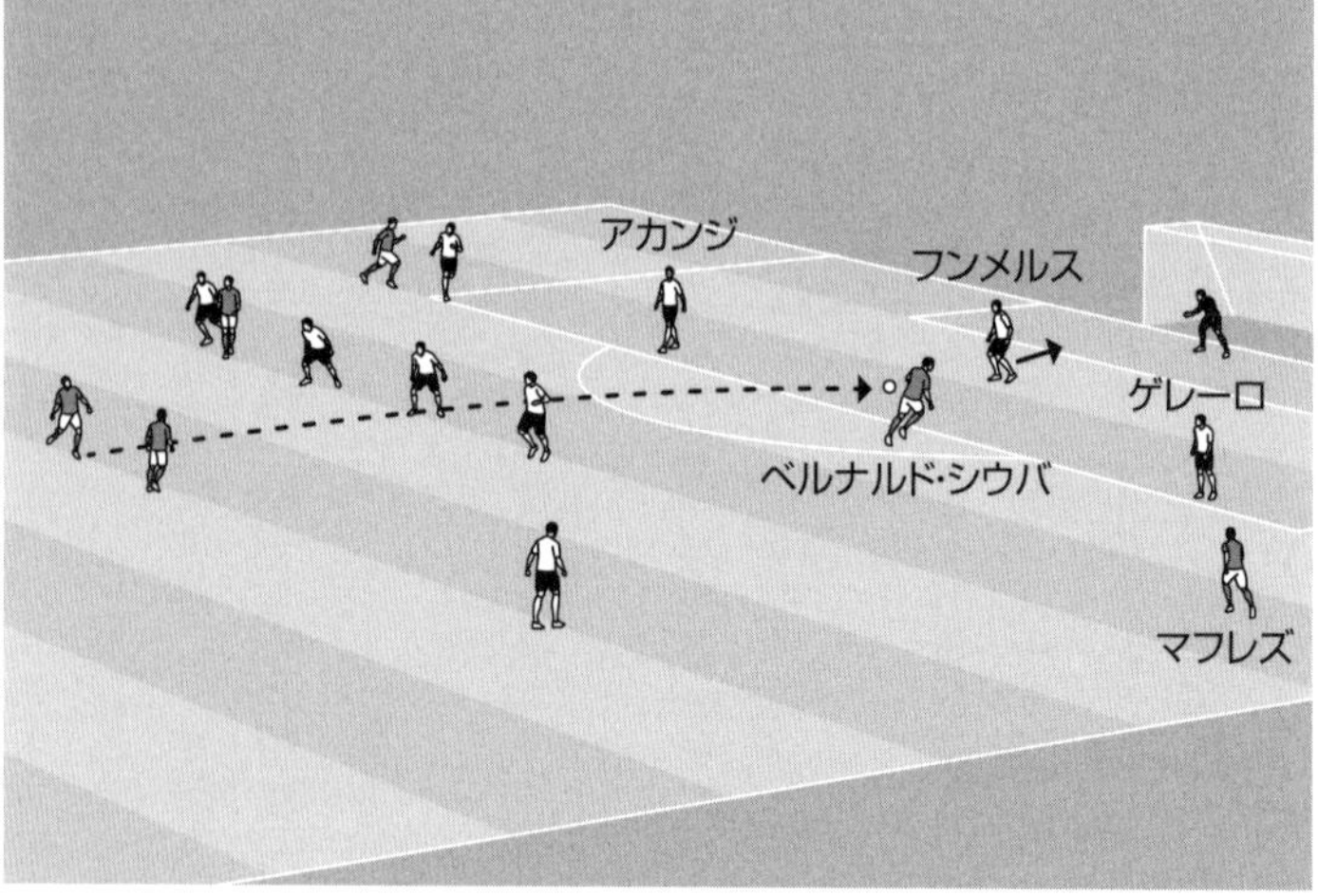

2021年3月、ドルトムント対マンチェスター・シティの前半45分。フンメルスが相手の飛び出しを警戒して先に下がってしまい、ギャップを使われてピンチになった。

シティのベルナルド・シウバが飛び出そうとしたとき、フンメルスは先に大きく下がってしまいます。そのためDFラインにギャップが生まれ、ベルナルド・シウバにパスが通り、その落としからマフレズにシュートを打たれてしまいました。シュートが弱くゴールにはなりませんでしたが、危うい場面でした。

全体を見るために下がりたくなる気持ちもわかるのですが、引きすぎると穴ができてしまいます。

ただ、それでもドルトムントがCLでベスト8に進めたのは、やはり前線に特別な選手がいたからでしょう。ハーランドとサンチョ（現マンチェスター・ユナイテッド）です。

サンチョはドリブルしながらいつでもパスを出せるので、相手DFは足を止められない。受け手は自分のタイミングで動けばパスが出てくるので、思い切って裏へ走ればいい。

そして何と言ってもハーランドです。身長194㎝ですが、決してパワーに頼ったプレーをしていないんですよね。動きがうまく、相手に体を触らせない。背中を取る動きもうまくて、ぐっと前に入るふりをして立ち止まったり、ボールをさばいたあとに急加速してゴール前へ入ったりする。何もしないで立っているだけでもDFを威圧できるストライカーです。

サンチョはハーランドの動き出しがよく見えており、2人の関係はまさにホットライン。2021年夏にサンチョがマンチェスター・ユナイテッドへ移籍したことが、ハーランドのプレーに影響してもおかしくありませんでした。

しかし、心配なさそうです。ローゼ新監督のもとで、ハーランドは前シーズン以上にスピードに乗った状態で相手ゴールに迫れています。

ローゼ監督は現役時代にクロップが率いるマインツでプレーし、指導者としてはザルツブルクやボルシアMGを率いてステップアップしてきました。そういうバックグラウンドがあるからでしょう。ローゼ監督になってから、ドルトムントはカウンターの鋭さが増しているように思います。

おそらくハーランドに対して、守備のときに戻りすぎず、前に残っているように指示しているのでしょう。ドルトムントがボールを奪ったときに、ハーランドがターゲットになってパスを引き出し、危険なカウンターを仕掛けられています。

ローゼ率いるドルトムントは得意な距離感をわかっており、攻撃でも守備でも自分たちのピッチサイドを保てていると思います。

アヤックス・アムステルダム

オランダのアヤックス・アムステルダムも、自分たちの得意な距離感をわかっているチームです。バルセロナほど繊細ではありませんが、攻撃のときに選手同士の距離が近い。タディッチが中心でその周りをみんなが動く感じです。

攻撃者が狭い中で人を外す動きをする。川崎フロンターレに近いサッカーとも言えるでしょう。こういうサッカーで相手を崩せるかは、敵ゴール前でパスの受け手のステーションを増やせるかにかかっています。相手を押し込んだ状態では、空間も時間も限られるので、1人でも2人でも息が合わなかったら成り立ちません。

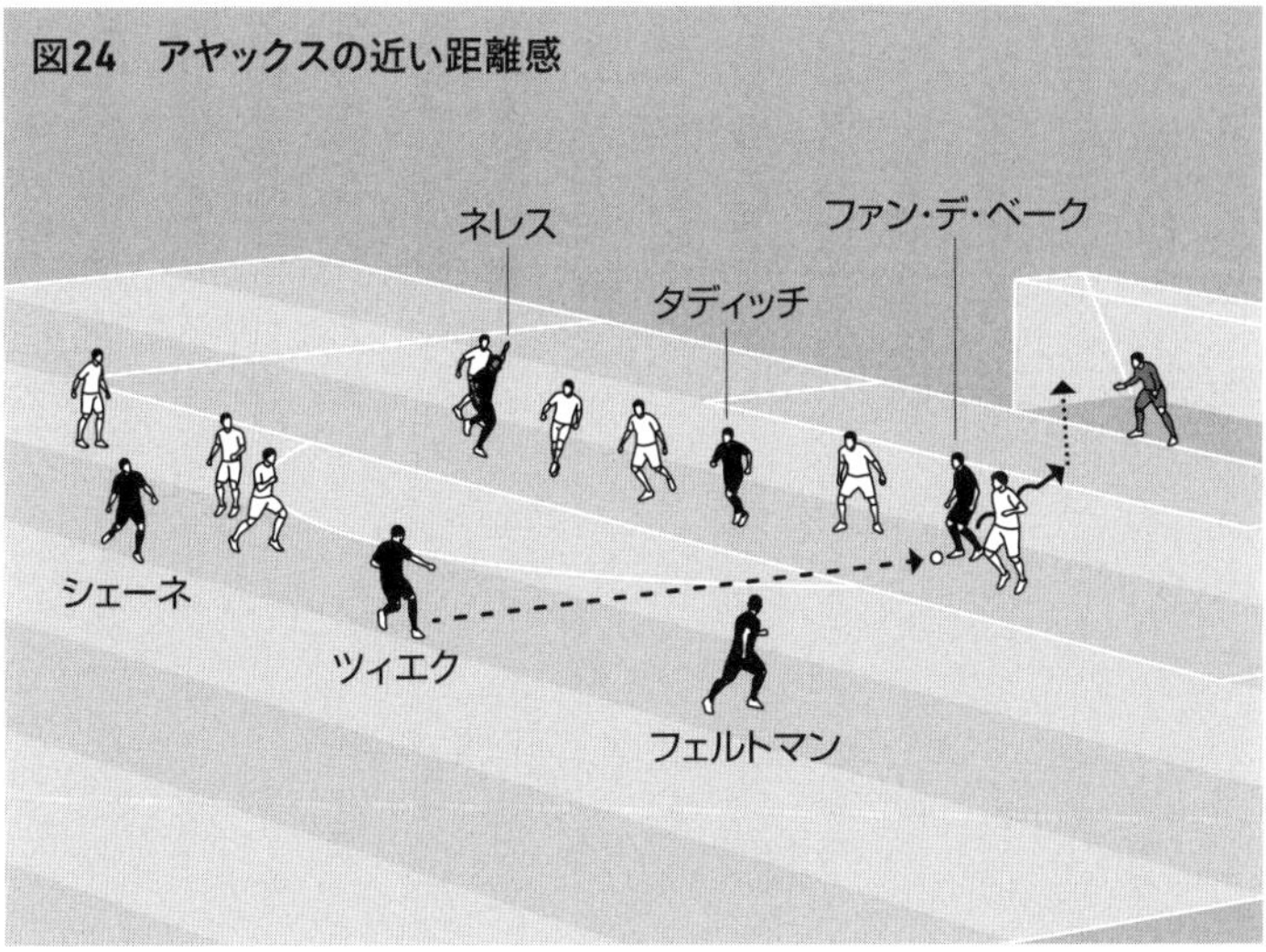

2019年5月、トッテナム対アヤックスの前半15分。アヤックスはペナルティエリアの幅より狭いエリアに6人もの選手が集まり、細かいパス交換で先制点を決めた。

これは約2年前の試合で、現在は主力がだいぶ移籍してしまいましたが、図24に2019年5月のトッテナム戦における先制シーンを示しました。流れるようなパス交換からゴール前に迫り、最後はツィエク（現チェルシー）の縦パスをファン・デ・ベーク（現マンチェスター・ユナイテッド）が半身になって引き出してシュートした場面です。

アヤックスの選手たちがペナルティエリアよりかなり狭い幅に集まっているのがわかると思います。

こういう連携は簡単には作れないですし、選手に一定以上の技術と発想力が求められるサッカーです。

第4章

ボールを
奪い切る守備

攻撃は守備と一体であり、自分たちの攻撃で相手の陣形を崩しておけば、もしボールを失っても奪い返しやすくなる。守備のためにも、攻撃が大事――。そんなことを2章で書きました。

ただ、そこでボールを奪い切れないことはあるし、相手のリズムの時間になって主導権を取られることもあるでしょう。そういうときには陣形を整えて守る必要があります。

本章では守備の戦術について書きたいと思います。

1人でもボールを奪うために必要な習慣

よくサッカーでは数的不利、数的優位がテーマになると思います。たとえばサイドで1対2の数的不利の状況をつくられて、ワンツーで突破された、といった感じです。

もちろんサッカーにおいて味方と敵が何人いるかは状況に大きく影響するのですが、心構えとしてこう考えておくべきです。

「数的不利なんて関係ない。1人でもボールを奪い返す」

私は子供のときから、この心構えでサッカーをやってきました。サッカーはチームスポーツですが、個人としての力がなければ、いくら連携を深めても限界があります。

「1人でも奪う」

これが守備のスタートラインです。

そのために不可欠なのが「足を出す」習慣。

よく日本人選手は守備でボール保持者に近づいても、かわされるのを怖がって足を出さない、だから球際が弱いんだと批判されますよね。一方、ヨーロッパや南米の選手は足を出してアグレッシブに狙いに行く。

足を出すのは守備におけるチャレンジなので、どんどん足を出せばいいんですよ。もちろんかわされることもあるけど、チャレンジし続ければ間合いや距離感をつかめるようになる。たとえば足を出してかわされても、近づくことができていれば、体をぶつけて相手の次の動きを遅らせられるんです。

この体勢ならターンできない、スピードが落ちたときがチャンスといったこともわかってくる。体でフェイントをかけられても、ボールをしっかり見ておけば対応できる。

実際、長谷部誠や遠藤航はブンデスリーガへ行って、足を出す選手になりましたよね。ヨーロッパでは足を出さないＤＦは試合に使ってもらえません。

ブラジルでは守備のときに「泥棒」という言葉があります。ボール保持者の背後から近づいて、死角から足を出してボールを突いて奪う。南米の選手にはヨーロッパ以上にこういう感覚があるように思います。

止まる・狙う・奪う

こういう心構えを持ったうえで、一人ずつが何をすべきか。

攻撃で「止める・蹴る・運ぶ・受ける・外す」といった原則があるように、守備にも原則があります。

「止まる・狙う・奪う」の3つです。

「止まる」は、自分が動きを止めることです。ボールを奪うために体勢をセットする、と言い換えてもいいでしょう。もちろんボールを奪う瞬間は、体を動かすことになりますが、その前段階として「止まる」ことに大きな意味があるのです。

正確には同じではありませんが、わかりやすさのために例をあげると、野球の守備がまさにそうです。

野球で動きながら守っている内野手や外野手は1人もいないですよね。全員立ち止まって体勢をセットし、バットが振られた瞬間に動き出します。言うまでもなく、どの方向に打球が飛んできても反応できるようにするためです。

野球界のその常識は、サッカーにも当てはまります。

人体のメカニズムとして、ある方向に動いていると、急に反対方向に移動できないですよね。どんなに素早く反応しても、タイムラグが生まれます。もし逆を突かれたら、絶対にパスカットできません。

それに対して、立ち止まって体勢をセットすると、次のステップでどこへでも移動でき、パスカットを狙える。もしくはそこから一気に走り出して相手に詰め寄ることができる。守備では「止まる」ことがファーストアクションになります。

とはいえ、「止まる」のはそれほど簡単ではありません。なぜならどこに立ち止まれば一番効果的かを局面ごとに瞬時に判断しなければならないからです。ヨーロッパのトップリーグの試合を見ていても、意外に選手が止まれていないのは、そこに原因があります。

次の「狙う」は、相手が選択肢の中から何を選ぶかを予想することです。

野球では、左打者ならショートがセカンド寄りに守るといったように、打者の特徴に合わせて守備者が立ち位置を変えますよね。

サッカーでも同じです。ボール保持者の利き足はどちらか、どんなキックの種類を持っているか、トラップはどこまで正確で、ボールをどこに置くのか。誰と誰がホットラインなのか。そういった情報から次のプレーを予測し、守備者はどうやってボールを奪うか。加えて味方と敵がどこにいるかを把握して、狙いを定めます。

最後の「奪う」は文字通りボールを奪う。守備の仕上げです。狙いを定めたら、それを確実に実行する。パスカットであれば、相手と駆け引きして狙ったコースにパスを呼び込んでカットする。プレスをかけるのであれば、獲物を狩るような迫力を持って、しっかり足を出し、ときに体をぶつけて奪い切ることが大事です。

最も大事なのは「中央の守備」

では、この3つをどう実行するのか？

サッカーの守備ではピッチを3分割して、敵陣深く（アタッキングサード）、中央（ミドルサード）、自陣深く（ディフェンシブサード）といったエリアごとに優先順位が変わってきます。

敵陣深くでは、攻めたあとの奪い返す守備がメインになり、いかに攻撃で相手の陣形を崩せるかが鍵になります。いい攻撃をできれば、ボールを失ってもすぐ目の前にボールがある状況になり、守備の「止める・狙う・奪う」をスムーズにできます。

自陣深くの守備では、一発のシュートが失点につながるため、ボールとゴールを結んだ線上に立つことが基本になります。ペナルティボックスの中では、人を完全につかまなければならない。

やるべきことはシンプルですが、その分、この局面ではDFにサイズとパワーが求められます。ともにイタリア代表のジョルジョ・キエッリーニやレオナルド・ボヌッチが代表例で、彼らはボックス内での守備に絶対的な自信を持っているでしょう。

こういったエリアごとの違いがある中、最も複雑な動きが求められるのが中央の守備です。本章ではこのエリアについて深掘りしたいと思います。

私は次のようなポイントがあると考えています。

1 安易に下がらない

自分の背後にいる敵にパスを通されるのを怖がり、下がってその敵を視野に収めようとしたがる選手がいます。もちろんそうした方がいいときもありますが、多くの場合、相手がボールを前に持ち出しやすくなって、より厄介な事態をもたらします。

たとえば、ウインガーやサイドハーフといったサイドにいるアタッカーが守備で下がってしまうと、自分たちの守備における「箱」（組織）は途端に壊れてしまいます。自分たちが4－4－2で、相手サイドバックが高い位置を取ったとき、サイドハーフがそれについて下がってしまうと、自分たちは6バックのようになってしまいますよね。

守備のときに安易に下がる必要はありません。「自分の背後にはパスを通させない」「自分の範囲にボールを入れさせない」という技術を持つことができれば、チーム全体のポジションを崩さず、次の攻撃に移ることができます。

2　同時に2人を見る

守備でいい位置に立つと、同時に2人以上の敵をカバーできます。

たとえば先ほどの4－4－2のサイドハーフの場合、安易に下がらず、横に張り出しすぎない位置に立てば、相手のサイドバックとボランチのどちらへのパスコースにもアプローチできるようになります。

「中間」というと5：5の位置のように思われるかもしれませんが、狙いによって、リスクの負い方によって、3：7の位置に立ったり、1：9の位置に立ったりします。パスを通されたら嫌な方に重きを置くのがセオリーですが、あえてコースを空けておいて罠を張るという手もあります。

意図的にサイド寄りに立って、ボランチへの縦パスを出させて、そこをカットする、というように。

3 あえてコースを空け、パスを出させて奪う

「コースを空けて奪う」例として、次のような場面を考えてみましょう。

相手チームがセンターバック2人とアンカー1人でビルドアップを試み、それに対してこちらが2人のFWで守るという状況。自分たち2人に対して、相手3人なので数的不利です。

しかし、こういう「数の原理」は立ち位置とボールホルダーとの駆け引きで、1人を消すことができます。

まず向かって右の敵センターバック（CB1）がボールを持ち、自分たちの右FWがそこにアプローチしたとしましょう。自分たちの左FWはアンカーにつきます。向

図25　駆け引きで相手を消す

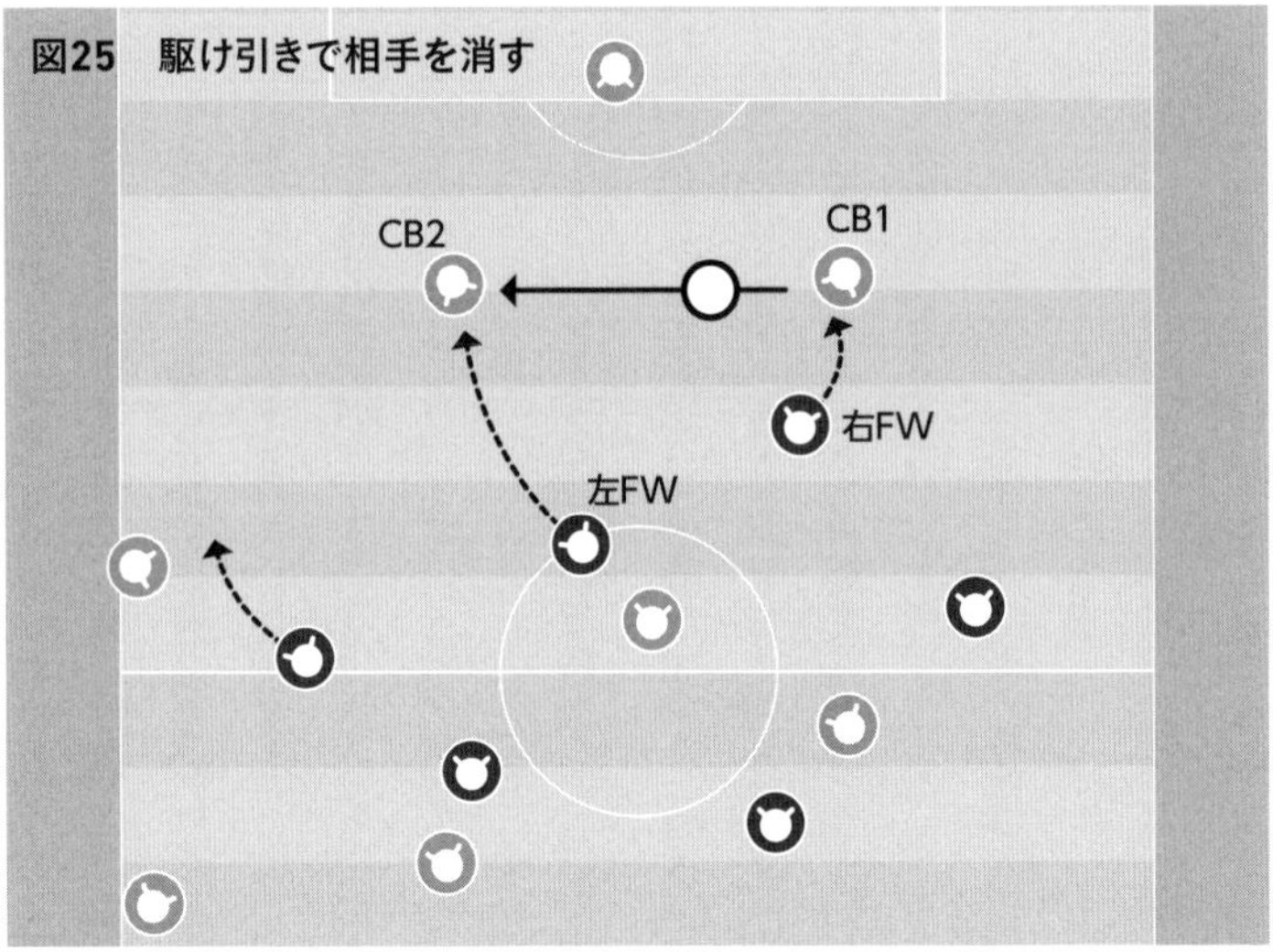

ボール付近では守備側から見て2人対3人の数的不利。だが左FWが相手アンカーを背中で隠しながらCB2へアプローチすれば2人対2人の数的同数に持ち込める。

かって左の敵センターバック（CB2）がフリー。CB1はCB2へパスするでしょう。

その瞬間、アンカーについていた左FWが、アンカーへのパスコースを切りながらCB2へアプローチしたらどうなるか？　CB2にはもはや前方にパスコースがなく、追い詰めることができます。

よく見られるダメな例は、左FWがCB2へ寄せた瞬間、右FWがCB1のマークを捨て、空いたアンカーをカバーしようとすることです。「怖がって下がる」典型。こうなるとCB2はCB1へボールを戻すことができ、こちらは守備をやり直さなければなりません。

味方が背中で相手を消していたら、そ

図26　あえてコースを空けて狙う

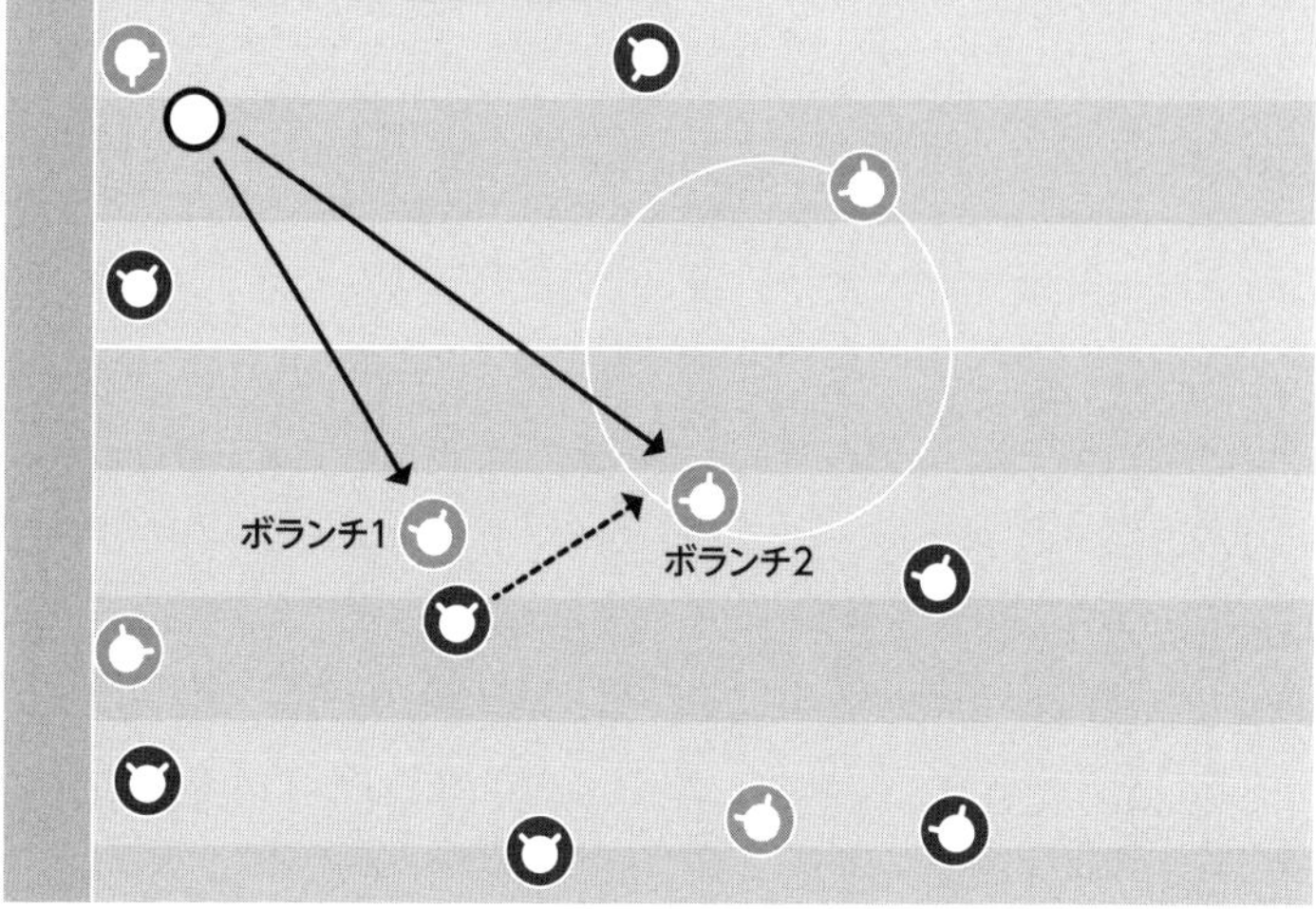

1人で相手2人を見るとき、その中間に立つこともできるが、あえて片方の相手に近づき、もう片方の相手を空けておき、そこへパスを出させて狙うのも手。

の相手は無効化されているのでマークしても意味はない。守備では、味方がどこを消しているかを把握する必要があります。

また、相手チームがサイドから攻めてきているときに、自分がMFの位置で、敵ダブルボランチを見なければならなかったとしましょう。1人対2人の数的不利です。

オーソドックスなのは、比率で言えば2：8という感じで、ボールに近い方のボランチ（ボランチ1）寄りに立ち、ボールから遠い方のボランチ（ボランチ2）からやや距離を取ることでしょう。

ただし、これは無難なポジショニング

で、崩されはしないけれども、ボールを奪い切ることも難しい守り方と言えます。なぜなら相手がどちらにパスを出すかは予想できず、最初の一歩が遅れるからです。

では、あえてボランチ1にくっつき、ボランチ2を完全にフリーにしたらどうなるか？　相手は間違いなくボランチ2にパスを出すでしょう。キックモーションに入った瞬間に動き始め、確信を持ってボランチ2へ詰め寄ることができます。私は現役のとき、こういう守備の仕方をしていました。

5：5なのか、3：7なのか。はたまた0：10のところに立つか。守備者のセンスの見せ所とも言えます。ここで大切なのは、その状況をしっかりと見極めること。味方の状態を把握していなければできないプレーです。

4　センターバックが押し上げる

かつてサッカーの指導書では、「攻撃は広く、守備は狭く」がセオリーとされていました。「攻撃は広く」に関しては他のやり方が次々に生まれ、もはやセオリーとは言えなくなりましたが、依然として「守備は狭く」は常識であり続けています。

守備を狭くするうえで最も大事なのは、センターバックです。彼らの動きで守備の「箱」をコンパクトにできるかが決まるからです。

たとえば、何度も言うようにボールが芝生の上を転がっている間は、ボールは誰のものでもありません。相手がバックパスや横パスを出したときは、DFラインを上げるチャンスです。そして相手がパスを出せるタイミングになったときに、DFラインを下げる準備をする。

相手FWがとてつもなく速い場合、センターバックは背後を取られるのが怖いので、後ろに下がりがちです。しかし、安易に下がったら箱は崩れ、他の場所に穴が生まれるでしょう。

どうすればいいか？　答えの一つが、先に走らせないように駆け引きすることです。相手がバックパスや横パスを出したときに、DFラインを上げてそのFWを戻させる。FWが戻り終わった瞬間にすっと下がれば、そんなに後ろに下がらなくても、相手の走り出しに反応するための時間をつくれます。

前にいる選手たちが「同時に2人を見る」といったことを実践できるのも、センターバックがきちんと押し上げて全体をコンパクトにしてくれるから。逆に言えば、センターバックが2メートル押し下げられるだけで隙間が広がり、前線の選手たちがやろうとしていることの前提が崩れます。

5 遠いサイドは捨てる

「守備は狭く」は縦方向だけでなく、横方向にも言えることです。そのために必要なのが、ボールから離れた場所にいる敵は捨てることです。

極端な例をあげると、左サイドライン際で相手がボールを持っていたら、右サイドライン際にいる敵は無視してもかまいません。たとえ相手がそこへパスを出したとしても、一定の秒数がかかり、一番近くにいた選手が反応すれば間に合うからです。

相手センターバックが中央でボールを持っていて、ライン際の高い位置にいる選手へパスを出すときも同じです。距離が40mほどあったら、パスが届くまでに2、3秒かかるでしょう。そこから逆算した位置に立っておけば、中央もカバーでき、同時に2人を狙うことができます。

これらのポイントを全員が実行すると、隙間がほぼない「箱」ができます。

この「箱」に相手を入れてしまえば、もはや相手がどういうシステムを採用していても関係ありません。相手がパズル的にフリーの選手を生み出そうとしても、こちらは1人で2人以上を見ようとしているので、すべてのパスコースを消すことができます。

こういう守備を高いレベルで実行しているのが、バイエルン・ミュンヘンです。特にトーマス・ミュラーは守備で相手を嫌がらせられる天才と言っていいでしょう。パスコースをうまく消しながら、常に行くぞ、行くぞという雰囲気を漂わせて圧力を与えられる。闇雲に追いかけ回すのではなく、ひたひた近づいて一気にスピードアップするイメージです。

ドイツは昔からパスの国で、パスカットがうまい選手が多い。相手を追い詰めておきながら、わざとパスコースを1つだけ空けておいて、そこに出させてカットするのに慣れています。

バイエルンは2021年3月のシュツットガルト戦で、左サイドバックのアルフォンソ・デイビスが退場になって10人になったにもかかわらず、相手ボールのときには4－4－1のフォーメーションで圧力をかけてボールを奪い、4対0で快勝しました。

トーマス・トゥヘル率いるチェルシーも、うまく「箱」をつくっているチームです。守備の布陣は数字で表せば5－2－3ですが、横に広がりすぎず、最終ラインの5人はペナルティエリアの横幅くらいの範囲に留まります。縦は15～18mくらい。とてもコンパクトです。

図27　1人で2人以上見る守備

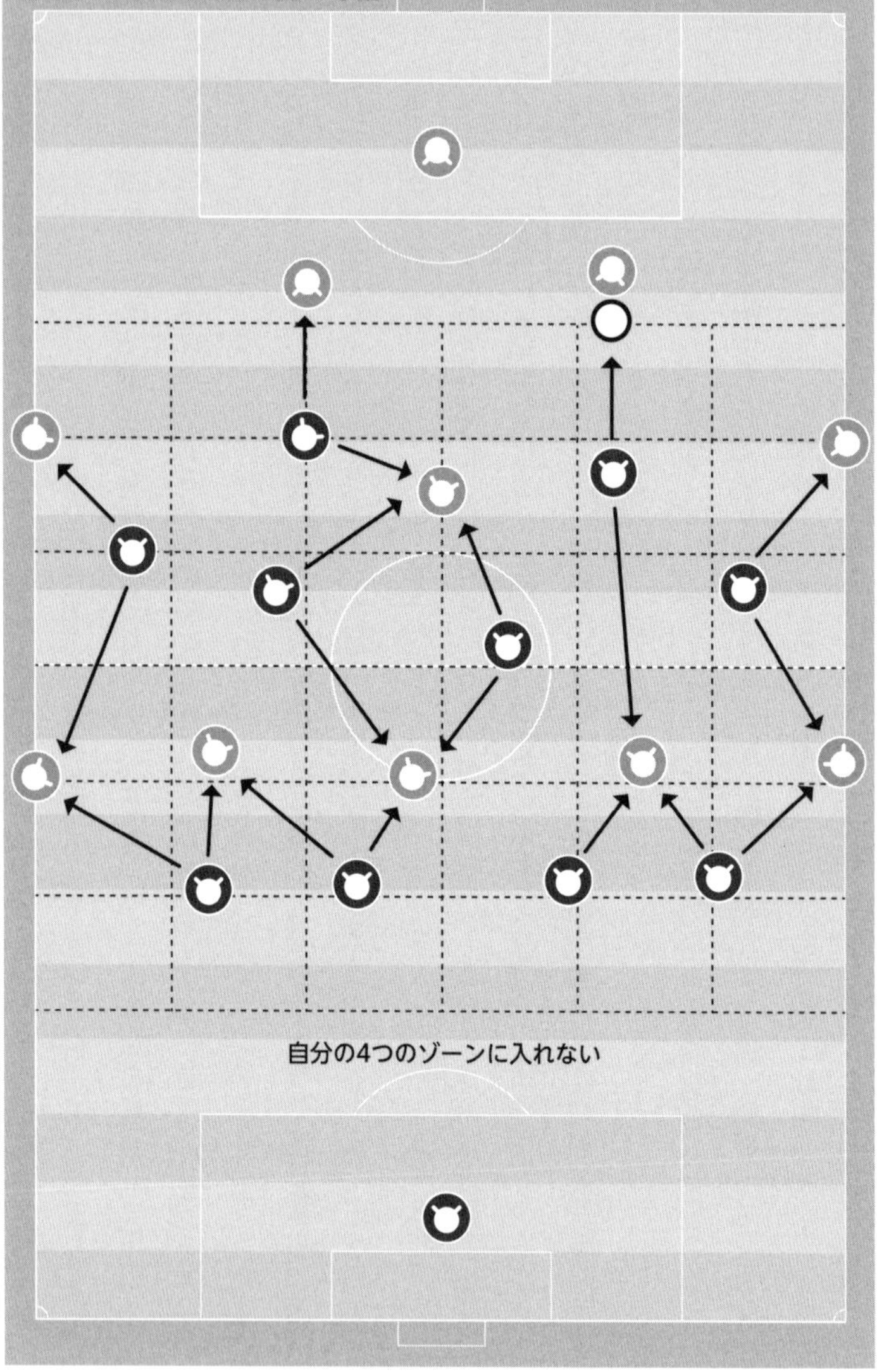

相手をコンパクトな「箱」の中に入れてしまえば、もはやシステムは関係ない。パスを前に出させず、自分の前後左右4つのゾーンに入れないことを意識するのがポイント。

中盤で相手の選手が余っているように見えるときも、5バックがしっかり止まれているので、DFのうちの1人が前に出て、浮いている選手を捕まえます。

私が川崎フロンターレの監督に就任した当初は、なかなかこういう高度な守備をするレベルにはいたれませんでした。3－4－2－1の変則システムを採用していたサンフレッチェ広島との対戦で言うと、初戦こそ「目指すべき方向性」を示すために4バックで臨みましたが、それ以降にサンフレッチェと対戦するときは相手のシステムに合わせて主に3バックを採用していました。その方が簡単に相手の良さを消せるからです。

しかし、3年目くらいからは個人もチームも成長し、サンフレッチェと対戦してもミラーゲームにせず、いつもの4－4－2で臨めるようになっていきます。自分たちが支配する時間が長くなり、守備のときに陣形を縦方向に縮められるようになったからです。

大雑把に言うと、相手が3－4－3にする狙いは、縦にも横にも陣形を伸ばして使えるスペースを増やすことです。しかしフロンターレは縦方向に縮んで選手同士が近い距離にいるので、もし相手がサイドにパスを通せてもすぐにアプローチできる。どこでも追いつくから、相手はパスを簡単に出せなくなる。

相手に合わせずにいつもの4－4－2で守備をできることは、当然、攻撃面でメリットになります。それがいつも練習している形だからです。また、「箱」の大きさが攻撃と守備で同じなら、広げたり縮めたりする余計な手間が省け、切り替えが早くなります。

フロンターレでは3年目くらいから、攻撃でも守備でもコンパクトな「箱」の中でサッカーをできるようになり、相手を圧倒できるようになっていきました。

先ほど少し触れたように、昔は「攻撃のときは広く、守備のときは狭く」というのが常識でした。しかし現代サッカーでは、必ずしもそれがうまくいくとは限らなくなってきています。

「自分たちの距離が、攻撃でも守備でも変わらない」

それが新たな常識になっていくのではないでしょうか。

第5章

川崎フロンターレと名古屋グランパス

川崎フロンターレでの指導初日

私は2012年4月から2017年1月1日まで、川崎フロンターレの監督を務めました。

1年目8位、2年目3位、3年目6位、4年目ファーストステージ5位・セカンドステージ7位、5年目ファーストステージ2位・セカンドステージ3位。最後の試合となった天皇杯決勝は鹿島アントラーズに敗れ、準優勝に終わりました。タイトルは獲得できませんでしたが、私にとって濃密な約5年間でした。

また、2017年1月4日から2019年9月まで、名古屋グランパスを率いました。1年目はJ2で3位になり、昇格プレーオフを制してJ1に昇格。2年目はJ1で15位、3年目は第11節時点で首位に勝ち点差4の2位につけていましたが、その後順位を落としてチームを離れることになりました。

フロンターレ時代とグランパス時代を戦術的な視点を交えて振り返ってみたいと思います。

フロンターレでの指導初日、ピッチで簡単に挨拶をすませると、私はいきなり選手たちにボール回しをしてもらいました。

通常、取材陣は高台の上からしか練習を見られないのですが、この日は特別にピッチ横に入ってもらうことにしました。カメラがずらりと囲む環境で、どれくらい冷静に技術を発揮できるかを見たかったからです。

ある程度予想していたことではありましたが、「止める・蹴る」は大雑把で、すぐにハアハアと息を切らす選手もいました。ボールを正確に扱えない、体が動かない、プレーを連続させられない。これでは試合を支配できるわけがありません。

ボール回しだけで言えば、私が指導していた筑波大学蹴球部の方が上と感じるくらい。個々の高い能力が隠されてしまっている印象でした。

しかし逆に言えば、ちょっとしたきっかけで大きく変わるポテンシャルがあるということ。おもしろいチームになると確信しました。

初日の記者会見で、私はこう言いました。

「彼ら一人ひとりが持っている資質を上げていきたい。たとえばスピードには走るスピードもありますが、それよりもパススピード、ボールを止めてから蹴るまでの感覚、周りを見つける速さを上げていきたい。これがそろって、初めて相手と戦える」

「手でやるスポーツで、ボールを取られることを考えるスポーツはないですよね？堂々と自信を持って、ボールを持つサッカーをしていって欲しい。その中で選手たちの発想が出てくる」

「今日選手たちはすごく吸収しようとしてくれた。選手は楽しくないと動かない。彼らがもっと自分の発想を持ち、もっとうまくなりたいと思えるグラウンドを作るのが僕の仕事だと思っています」

初日の練習には、フロンターレにとって重要な選手が1人参加していませんでした。中村憲剛が日本代表合宿に行っており、不在だったのです。

フロンターレの監督に就任することが決まったとき、まず考えたのは「チームを動かすには、中村憲剛を動かさなければならない」ということでした。

選手たちが「ケンゴさんがチームで一番うまい」と思っているのは間違いない。つまりチームの基準が憲剛です。彼を動かさなければ、チームは動きません。

練習3日目に憲剛が合流すると、やはりチームで一番技術が高いのは彼でした。でも私が求める基準には、はるかに届いていていない。

だから、あえてこう伝えたんです。

「おまえ、全然ボールが止まってないな」

憲剛自身は「え？」という表情をしていました。チームメイトも驚いているのが伝わってきました。

憲剛を動かすには、もうひと押しが必要でした。憲剛には遠慮なくどんどん走って欲しいのに、仲間たちがついてこられるかを気にしていたからです。

憲剛にこう伝えました。

「チームのことなんてどうでもいい。自分だけに集中しろ。自分を伸ばすことだけを考えろ」

とにかく走り出せ。そう伝えたかったんです。時間はかかりませんでした。技術があるうえに頭もいいからいろいろなものが見えてきて、どんどん先へ走り始めてくれた。

ボールを「最適な場所に完全に静止」させることの意味

就任からわずか4日間の練習で、サンフレッチェ広島戦を迎えました。

当時のサンフレッチェは変則システムを採用しており、多くのチームがそれに対抗するために5バックを採用していました。鏡合わせの布陣にして、相手のパズルを封じようということです。

でも、私にとって初戦で最も大事だったのは「俺たちは相手に合わせてサッカーをやらない」という意思表示でした。フロンターレの選手たちに「君たちは十分にうまいんだ」と気づいてもらいたかったんです。だからあえて5バックではなく4バックを採用し、しかもMFが本職の稲本潤一をセンターバックに起用しました。

試合前に選手たちにこう言いました。

「今日は俺たちにしかできないことを1つでも試合で表現しよう」

試合は1対4で負け、もちろんそれは悔しかったです。けれど、チームにとっては伊藤宏樹の1得点に大きな価値があった。17本ものパスがつながって決まったゴールだったのです。

これほどの贈り物はないなと思いました。象徴となるようなゴールが決まり、全員の発想が変わるからです。

試合翌日、メディアにこう話しました。

「慌ててない。まだ4日じゃん。それでも激変してるよな。激変して、激変して、安定するまでは時間がかかる。何かを修正するんじゃなくて、これから高めていかなきゃいけない。作っていかなきゃいけない。それを急には要求しない」

メディアを通して、選手たちに手応えを伝えたかったのです。

初めの頃に徹底的に取り組んだのは、みなさんのご想像の通り、「止める・蹴る」です。この2つの正確さがなければ、思い通りにサッカーをすることはできません。

よくやっていたのは十字形の先端部にパスの出し手が立ち、中央にパスの受け手が入るメニューです。

動きは極めてシンプルです。中央の受け手は、自分がどこにでも蹴れる場所にボールをピタリと止め、体の向きを変えて他方向へパスを出す。トラップでボールが少しでも動いたらダメ。完全に静止させることを求めます。

なぜ完全静止なのか？　それが最も速く、最も方向を変えられるプレーだからです。あらかじめ次に蹴る方向を決めて、そちらへ蹴りやすいように転がしてトラップするやり方もあります。でも、それだと自分で決めた方向にしか蹴れないんですよ。プレーを途中で変えられない。それに敵にも読まれやすく、守備の勢いを強くしてしまう。これを私は「敵の矢印を出させてしまう」という言い方をします。

一方、もし自分がどこにでも蹴れる場所に止められたら、敵は飛び込みにくくなり、敵に対して常に先手を取ることができる。敵の足を止め、コントロールするために、正確に止める技術を身につけなければいけないのです。そういう技術を身につけるのが、このメニューの目的です。

「正確に止めれば、プレーが速くなるぞ！」

身を以て体験してもらいました。

のちにこのメニューは知られるようになり、「止める・蹴る」を検索するといろんな方が実践している映像が出てくると思います。

ただし、注意が必要です。映像のトラップを見比べてみてください。メニューは同じですが、ボールが最適な場所に完全に静止していない例がほとんどなんですよ。当たり前ですが、形だけ真似してもダメです。「このプレーが本当に試合で速さをもたらすのか？」と常に考えなければなりません。

そこを意識しなければ本当に試合で使える「止める・蹴る」にはなりません。日頃から止めてから蹴るまでを0・5秒で想定している選手・チームと、1秒で考えている選手・チームでは、まったく異なったものになります。

「こだわれ！」

「止める・蹴る」の奥深さを、選手たちに訴え続けました。

あえて守備の練習を放棄した理由

この頃よく聞かれたのは、「守備の練習をしないんですか?」ということでした。正直に言えば、いろいろなメニューの中に守備の要素は入っているんですよ。でもあえて私は「守備でやられたとしたら、攻め切れていないことが悪い」「ボールを奪われなければ守備はいらない」「ただ勝ちたいんじゃない。俺たちは5対0で勝ちたいんだ」と言い続けていました。

なぜか? 監督が中途半端な姿勢を見せたら、これまでに見たことのないサッカーなんて実現できないからですよ。些細なことでも選手に迷いを感じさせてはいけません。

だからある時期までは、コーチにすらも意図を伝えていませんでした。選手は迷ったら、コーチに相談するものです。もしそこで中途半端な情報が伝わったら、チームは絶対にブレます。

あえて「選手」対「監督」という構図にしたかった。私はよく「1対21」(味方す

ら も敵）と思えと言っていますが、まさにその感覚です。みんなの目がそろうまでは、監督が孤立した方がいいと思っていました。

コーチたちから「この場合、守備はどうするんですか？」と聞かれましたが、「心配しなくていいから」と言い続けた。

私の中のバロメーターはシンプルで、ペナルティエリア内でのゴールチャンスを作れているかなんですよ。1年目に13位まで落ちたときにも、このチャンスの数が多かったので何も問題ないと思っていた。選手が迷わなければ絶対に上へ行くことはわかっていたので、誰も迷わないように徹底しました。

私に計算という言葉は似合わないですが、すべて計算でした。

その中でありがたかったのが、当時社長だった武田信平さんとGMの庄子春男さんの存在です。取締役会やスポンサーへの対応は簡単ではなかったと思うんですが、「このまま頑張っていけ」と2人がしっかり背中を押してくれた。

監督をかばってくれたというより、一緒に戦ってくれた感じです。私にオファーするときに「攻めるチームを構築したい」と言っていたのは本気だと、1年目から実感しました。

Jリーグの監督をやってあらためてわかったんですが、結局、監督ができることなんて一部にすぎないんです。会社の協力がないと、本当にすごいものは実現できない。武田さんと庄子さんは富士通時代からクラブ運営に携わり、愛情がとてつもなく、どんなクラブにしたいのかという信念をはっきりと持っていた。

監督は思ったようにやって解任されればいいので、監督がブレないのは簡単なんです。それに対して、あの2人は組織を背負っている。スタジアムで野次も飛んだので、つらいときもあったと思うんですよ。それでも一度もブレなかった。2人は本当のプロフェッショナルでした。

加えて、サポーターが一緒におもしろいものに向かってくれたのがとてつもなく大きかった。サポーターが素直におもしろいものはおもしろい、つまらないものはつまらないと言ってくれた。いつしかその空気感が試合のピッチにも現れるようになって、練習してもできないような勝ち方が起こり始めた。等々力劇場と言われたゆえんです。

2年目、大久保嘉人がチームに加入

1年目は順位こそ8位でしたが、全員の望みが高くなったのを感じました。そして2年目、大久保嘉人が移籍してきます。

憲剛たちの存在によって、チャンスは作れるようになった。そこでストライカーを探していたところ、嘉人が候補にあがったのです。

それまでのフロンターレのチームカラーを考えて、強化部の中では「合わないんじゃないか？」という声もありました。私はこう言いました。

「あまり主張をしない選手が多いフロンターレには、まさに必要なタイプだ。あのエネルギーをチームに入れたら絶対にうまくいく。ぜひ獲得して欲しい」

私は確信していました。嘉人は自由が制限されると、エネルギーが内側に向かってしまう。だからその溢れるようなエネルギーを得点に向けさせれば、絶対にうまくいくと思っていました。

まだ嘉人がセレッソ大阪に入団したてのとき、今はなきネルソン吉村さんとこんな会話をしたことがあります。

「現役時代、ネルソンさんにボールを置く位置を教えてもらって、それがすごく生きたんですよ。ありがとうございます」

「いや、おまえには教えてないよな」

「目の前で見せてくれたじゃないですか」

「それは教えたとは言わない。おまえが勝手に盗んだんだよ。ところで八宏、大久保嘉人をどう見ている？　足も速いし、ボール扱いもうまいし、シュートもうまいから、私はセンターFWの選手だと思う。中盤で使われているのがもったいない」

「僕も同意見です」

しかし、嘉人は他のクラブへ移籍しても、センターFWでは使われませんでした。嘉人は器用で、どこでもプレーできるからだと思います。だからフロンターレでは、攻撃で自由を与えたいと考えていました。

ただ、そのときの嬉しい誤算は、ブラジルからパトリック（現ガンバ大阪）も同時に加入したことです。プレーに野性味が溢れ、底知れないポテンシャルがありました。

私の監督としての哲学はシンプルで、11人うまい選手を出したいんです。いい選手がベンチにいるのは私の性分には合わない。先発全員がFWになってもいいと思っているくらいです。

また、このときはレナトもいました。嘉人、パトリック、レナト……彼らをなんとか共存させられないかと考え、嘉人を3トップの右に置きました。

この年、フロンターレは開幕から6試合勝利がなくスタートで苦しんだんですが、要因の一つが共存の模索にありました。

結局、パトリックにはもう少し慣れる時間を与えようと考え、嘉人を真ん中に置いたことで、一気に攻撃がスムーズになりました。

進化し続けた大久保嘉人

嘉人のサッカーIQの高さは、トレーニングをやったらすぐにわかりました。1つ投げかけるとポンポンとクリアし、次のステージを望む。

たとえば、「相手の背中を取れ」と言ったら、DFの体勢の逆をすっと取れる。頭では理解してもすぐには実行できないのが普通で、多くの選手は背中側に走ったら同時に味方から隠れてしまったりする。

それに対して嘉人は、基本を理解すると、応用を言われなくてもできるようになるんです。

たとえば、自分をマークしていた相手DFが動いたら、FWは動かずその場に立ち止まっていれば自然にフリーになれるんですよ。嘉人は言われなくてもそれに気づいてやっていた。本当に頭のいい選手だと思いました。

センターFWとしてアドバイスしたのは「ど真ん中から動きすぎるな。点を取れる場所に留まっていて欲しい」ということでした。

うまい選手なのでボールに触るためにいろんなところへ動く傾向があったんですが、チャンスは周りが作ってくれるからゴール前で待っていればいいと。

もう1つ伝えたのは、「チームとしていつ動くかのタイミングがあるので、みんなの合図を見極めて欲しい」ということ。パスは出し手と受け手の「いつ」が合って初めて成り立つものだからです。

嘉人がすごいのは、チームが進化してFWに求められる能力がどんどん高くなる中、嘉人自身も進化し続けたことです。

嘉人が加入した頃のフロンターレは、まだそれほど相手を押し込んでいる時間が長くなかったのですが、小林悠、大島僚太、谷口彰悟らが伸び、だんだん敵陣で支配できるようになった。

そういう押し込んだ状態だと、密集していてスペースも時間もないように見える。それでも嘉人はフリーになって点を取った。

嘉人が押し込んでもフリーになれるのは、技術と体の使い方がうまいうえに、1章のレバンドフスキや3章のメッシのところでも説明したように、いつボールから目を離してもいいかをわかっているからです。

サッカーの攻撃には、ボールを見なくていい瞬間がいくつかあります。簡単に言えば、ボールが選手から選手へと動いている間です。この間は誰もボールをコントロールすることができないため、受け手がいくら動いてもボールを受けることはできません。

ＦＷがボールを見続けてしまうと、相手ＤＦと「見る世界」が同じになってしまう。そうすると敵を視野に収めておいて自分のタイミングでガッと後ろから出るディフェンスの方が有利になりますよね。

嘉人はボールが動いている間にボールから目線を切って、すっと敵の後ろに立つ。そして味方がパスを出せる瞬間にパスコースに出る。相手ＤＦは気がついたら嘉人を見失っているという感じでしょう。

また、彼の並外れた「自主トレーニング」も、進化が止まらなかった理由でしょう。

私はチームの全体練習は60分から75分にして、あとは選手たちが自主練習をできるようにしていました。自主トレこそ、選手にとって最も能力を伸ばせる時間だからです。その過ごし方でキャリアが決まると言っても過言ではありません。

当時のフロンターレの中で最も自主トレーニングをするのが嘉人でした。納得するまで止めないので、コーチたちに「ケガするからやらせすぎるなよ」と伝えていたくらいです。

驚かされたボルシア・ドルトムントのクロス

2015年7月にドルトムントと試合をしたときのことです。フロンターレは0対6で敗れてしまったのですが、失点のほとんどがクロスからの攻撃でした。

日本でサイドからクロスが上がってくる場合、攻撃者はまずボールを止め、そこから中を見て、クロスを上げるという「1、2、3」のリズムがほとんど。間があるので、守備側は待ち構えることができます。

それに対してドルトムントのサイドの選手は、ボールを止めた瞬間、クロスを上げてきたのです。あえて文字にしたら「1、2」のリズムをさらに縮めた感じです。ものすごくクロスのテンポが速かった。DFが構える前に上げられ、やられてしまいました。

試合後、選手たちに「正確さによる速さとは、まさにこういうことだよな」と話しました。

当時、フロンターレは中央でフリーの選手を作って、縦方向のパスで相手の背中を取れるようになっていました。選手たちは正確さと速さについて十分に理解していたと思います。一方、横からの攻撃、クロスについてはまだ発展途上でした。

ドルトムント戦は、それを学ぶ最高の場になりました。

いち早くアクションを起こしたのは嘉人でした。チームメイトに「俺の場所を確認しなくていいから、相手DFの背後にクロスを上げてくれ。必ず飛び込む」と要求し始めたのです。

嘉人は相手の背中側に立っておき、味方はそれを確認せずに早いタイミングでクロスを上げる。嘉人は真っ直ぐに裏へ飛び出し、それに合わせる。斜めに走るFWが多いんですが、真っ直ぐがゴールへの最短距離です。

自主トレの時間になると、嘉人は車屋紳太郎らサイドの選手に声をかけて、早いタイミングで出す形のクロスを何度も練習していた。

ドルトムント戦の経験と自主練によって、嘉人の新たな得意とする形が生まれたんです。

嘉人はフロンターレに加入した2013年から3年連続でJリーグの得点王になり

ました。嘉人は天才肌で特別な選手ですが、もしかしたら日本サッカー界にはこういう選手が他にも眠っているんじゃないかなと思いました。

嘉人がやっているような動きを幼い頃から身につけたら、日本からもワールドクラスのストライカーを生み出せるのではないか。大リーグの大谷翔平選手のような体格の選手が嘉人の動きをできたら、日本のハーランドになると思います。

小林悠の「やり続ける能力」

小林悠も大きな成長を遂げてくれた選手でした。

もともと相手を外す動きは一流で、特に長いパスに対してフリーになる動きがずば抜けていた。しかし、ボールを止める技術に関して課題があったんです。だから得点チャンスに顔を出せるんですが、なかなか試合を決定づけられていなかった。

でも、彼に特別な才能があることはわかっていました。いろんなことを吸収して、自分のものにしようとする素直さです。それがずば抜けていて、何かを伝えるとすぐに取り組んでくれる。憲剛に「なんだ止まらないな」と言って背中を押したのとは逆に、悠には「これができるようになってきたな」と自分で認識できるよう伝えていました。

真ん中に嘉人がいるので、最初は右FWで出ることが多く、いろいろな葛藤があったと思います。ベンチに座ることもありました。それでも悠はブレずに自主トレで「止める・蹴る」に取り組み続けてくれた。素直さに加えて「やり続ける能力」も持っていたんです。

するとあるときからボールが止まるようになり、課題はシュートだけというところまで到達しました。私はこう伝えました。

「GKの肩から腰までの高さに打つと相手は止めやすい。コースがあればゴールの下の隅、なければ上の隅に打とう」

その意識づけのために、ゴールの四隅にマークを付け、狙う位置を明確にしました。そして彼にとっての最後のピース、シュートの課題もクリアしていきました。私が当時J2にいた名古屋グランパスに移った2017年、悠はついにJ1の得点王になりました。

悠は辛抱強かったし、意識が高かった。自分の中ですごく戦ったと思います。本当に努力したと思います。

当然のことなんですが、監督は選手のキャラクターごとに接し方を変えないといけません。

憲剛は仲間を気にしすぎていたので、ガムシャラに走り出せるように背中を押した。嘉人は要求を高くすればするほどパワーを発揮するので、目の前の障害物を片付けて存分に走ってもらった。

悠はやり続ける力があったので、できたことに自信が持てるよう認識させた。

もともとフロンターレは選手同士が助け合う文化があったので、彼らが互いに高め合ってくれた。個性が異なる選手がいることで、相乗効果が生まれたと思います。

大島僚太と谷口彰悟の成長

若手の中で一番変化したのは大島僚太でしょう。

鍵になったのは「ボールを止める位置」でした。

僚太は技術はあったんですが、自分の中で「どこにボールを止めるか」が漠然としていました。すなわち、「自分が最もボールを蹴りやすい位置」を理解していなかったのです。

なので、技術があるのに、トラップでもドリブルでも体からボールが離れてしまうことがあった。そこで僚太には、自分の最も良い位置を探すために、蹴る練習を多く求めました。

自主トレの時間、僚太は壁に向かってひたすらボールを蹴って取り組んでくれました。

そういう努力によって、僚太はついに「自分の止める場所」を見つけました。その途端、相手が飛び込めなくなりました。どこにでも蹴れる場所にピタリと止めるので、次に何をするかが読めないからです。のちに名古屋グランパスの監督としてフロンターレと対戦したとき、選手たちが「一番ボールを取れない」と嫌がっていたのは僚太でした。

私は若手を見るとき、まず考えるのは「どのポジションだったら日本代表になれるか?」ということです。

僚太の場合、得意のドリブルとスピードを生かすには、右サイドのMFがいいかなと考えていました。しかしボールを止める位置を持った途端、見方が変わりました。ボールを持ってこれだけ余裕があるなら、真ん中のMFがいい。ボールを持って相手を操る、これまでにないタイプの日本代表MFになるぞと。

「止める・蹴る・運ぶ・受ける・外す」という技術の中で、僚太は「止める」を覚えたことですべての技術がつながりました。

よく「あの選手は大成しなかったけど、特別な武器があったよね」と言う人がいますが、技術というのはすべてつながっているのです。1つでも欠けていたら武器を発揮できないんですよ。すべてそろって、初めて個性を出せるのです。

フロンターレの現主将の谷口彰悟は、すでに筑波大学時代から指導していたので日本を代表する選手になると当時から思っていました。

ただしポジションについては、当初はアンカーがいいと考えていました。空中戦に強く技術があり、当時はまだ1ボランチが一般的ではありませんでしたが、日本代表でアンカーをできるポテンシャルがあると思ったのです。

ただ、プロになってからは、最終ラインでやった方が能力が生きると考えるようになりました。センターバックなら必ず視野を確保できるので、そこからゲームを作らせた方が相手にとって嫌な存在になると。

今Jリーグで、彰悟のように平気で相手にボールをさらして止められるセンターバックはあまりいないと思います。あのちょっとしたトラップで相手がボールを取ろうとする動きを止められるんですよ。あと、ほとんどミスをしませんよね。

日本を代表するセンターバックになりました。

チョン・ソンリョンの足元の技術

まずは憲剛が柱となり、嘉人が加わり、悠、僚太、彰悟も柱になっていった。そして2016年、新たな柱となったのが、GKのチョン・ソンリョンです。

フロンターレがどんどん押し込めるようになって、GKに求められる役割も変わっていきました。

圧倒的に攻撃できるのでピンチは少ないんですが、DFラインが高いため、ピンチになったらGKと1対1になる確率が高い。

チームがリズムに乗るためには、相手の最初のチャンスでGKが止めることがとても大事です。そこで失点してしまうと、どうしても焦りが生まれ、普段通りのプレーがしづらくなるからです。

1対1の場面でシュートを止めるには、GKとして手足の長さ、いわゆるサイズが必要になる。前へ飛び出す勇気も必要でしょう。自分たちが攻撃する時間が長いので、足元の技術も求められる。

そういうGKはなかなかいないのですが、ついに出会ったのがソンリョンです。身長191㎝で1対1に強く、足元の技術があって11人目のフィールドプレイヤーになれる。

すごく落ち着いていて、チームメイトは「ここから打たれてもソンリョンなら止められる」と信じ、DFラインに余裕が生まれました。

相手のシステムを無効化する

3年目と4年目には、変則的なフォーメーションを採用する相手チームに対しては「力と力でやってやろう」と考えて3バックにしたこともありました。試合途中に相手を混乱させるためにフォーメーションを変えることもありました。相手はこちらに合わせて考えているので、並びを変えるだけで結構パニックになるからです。

ただ、ソンリョンが加わった5年目は、ほぼ4バックしか採用しませんでした。相手をペナルティボックスから20mくらいの距離に押し込めるようになったからです。

そうなると相手がどんなシステムを準備してきても、それを全部無効化できるんですよ。自分たちの枠に入れてしまえば、相手のフォーメーションは関係なくなる。

相手は自陣に引いて守備を固めようとするんですが、結局、ボールの周りで数的優位になるのはフロンターレ側なんですよ。なぜなら、みんながパスコースを作り続け、パスを出した選手がもう一度受け直そうとするからです。

1回ボールに触った選手は、ずっとフリーになり続ける感覚。密集地帯で確信を持ってパスを出せるのは、自分がそのまま受けに行き、少なくともパスコースを1つ確保しているからです。

そうやって敵ゴール前に迫っている間、嘉人と悠がペナルティエリア付近で敵DFの背中を取り続ける。仮に前に飛び出してパスが来なくても、すぐに相手の背中側に潜り直す。

これをしつこく繰り返し、出し手と受け手の「いつ」が合うと、どんなに相手が守備を固めていてもゴールを決めることができます。

最終的にフロンターレで感じたのは、グラウンド、会社、サポーター、メディアが1つになり、真の意味で攻撃的なクラブが誕生したということでした。

誰も受け身じゃない組織。サポーターは観るだけじゃなくてボランティアに参加したりして、自分たちから何かを起こしてくれた。選手も会社もどんどんおもしろいことを仕掛け、メディアもそれについてきてくれた。

全員が主体的かつ攻撃的。ヨーロッパにはない新しい形ではないかと思います。グラウンドでサッカーを作るのにいろいろな要素が必要だということは頭ではわかっていましたが、実際に体験して、これだけの人たちが力を合わせないと実現できないとわかりました。

サッカーを作るのはすごく難しいなと思ったのと同時に、作れたらものすごくおもしろいなと感じさせてもらった。その大きな輪の中に監督として携われたことを、心から感謝しています。

素直な選手が多かった名古屋グランパス

2017年1月、名古屋グランパスの監督に就任したときは、メンバーがガラリと変わったタイミングでした。前シーズンにJ1で年間16位になって、J2に降格したからです。

川又堅碁、永井謙佑、矢野貴章、扇原貴宏、小川佳純、田中マルクス闘莉王らが退団し、佐藤寿人、小林裕紀、玉田圭司、宮原和也らが加入。ほぼ新しいチームになったと言えたでしょう。

就任して真っ先に着手したのは、プロとしての規律づくりでした。

体脂肪率を調べたところ、若手が多いこともあって満足のいくものではなかった。持久力に関してももっと伸ばさなければいけない水準でした。

個人的に数字で見せることは好きではないのですが、プロとしてもっとこだわれる、もっと突き詰められるということを伝えなければならなかった。体脂肪率や持久走のタイムといった具体的な数字を示して、意識を変えることを求めました。

ただし、新しいチームでまだ基準がそろっていなかった半面、とても素直な選手が多い印象を受けました。

最初にぐっと伸びてきたのが、和泉竜司（現鹿島アントラーズ）です。

何かを伝えるとすぐに取り組み、少し時間はかかるんですが、諦めずにやり続けて自分のものにする。もとからサッカーに関する個々の能力が高かったこともあり、それらを組み合わせて生かすには何が必要かを整理していってくれました。

「素直」を実現するには、3つのステップがあります。

1つ目は人の話を聞く、2つ目はそれを理解する、3つ目はそれにトライする。ただ人の話を聞いても、理解できなければ意味がないし、実践しなければ何も起こりません。

和泉はこの3つのステップを忠実にやっていた選手でした。

宮原和也がそれに続き、佐藤寿人もベテランにもかかわらず貪欲にトライしてくれた。彼らがチームとしての基準をつくってくれました。

「絶対にジョーを得点王にしよう」

2年目に元ブラジル代表FWのジョーと、オーストラリア代表GKのランゲラクが加入し、大型補強として話題になりました。

ただ当時、ジョーのコンディションはあまり芳しくなく、こちらが期待するようなレベルにいたっていませんでした。

だからジョーにはこう伝えました。

「名古屋ではジョー史上最高の状態を見たい。自分のベストを更新し、今までにないジョーを見せてくれ。そのために試合に合わせた調整をしなくていい。自分のコンディションを上げることだけを考えてくれ」

ジョーはこちらの意見に賛同してくれて、チームトレーニングの横で別メニューに取り組んでくれました。

私はコーチたちに言いました。

「絶対にジョーを得点王にしよう」

ジョーはこのシーズンにリーグで24点を決め、見事にJ1得点王に輝いてくれました。

これを特別扱いと見る人もいるかもしれませんが、私にとっては特別扱いではありません。ジョーが自分の価値を出せば、それが回りまわってチームの自信になるからです。

1年目の夏に加入していたガブリエル・シャビエルについても、数値を見ると著しく回復率が悪くなることがあったので、そのときは別メニューにして回復力をあげるトレーニングをさせていたこともあります。

シャビエルはシュートやパスで、ゴール前で決定的な仕事をできる選手です。その回数を増やすことが、試合を決めることになると考えました。

2年目の夏には丸山祐市、中谷進之介、前田直輝らが加入し、彼らも大きく成長してくれました。

このシーズンの鹿島アントラーズ戦で、グランパスはクラブ史上最多入場者数を更新しました（4万3579人）。

豊田スタジアムに4万人を集めようと言って、クラブ、サポーター、メディア、グラウンドが一体となって力を合わせた。選手が観客を魅了し、観客が選手の技術を上げた。あの試合は忘れられません。

等々力劇場もすごかったけど、名古屋には名古屋の風があった。スタジアムの雰囲気にチーム全体が導かれているような感覚になったことが何度もありました。

こういうスタジアムを経験できただけでも、名古屋に来た甲斐があったと思いました。

突き抜けるほどの強さを目指して

3年目は自分が過去に経験したことがないほどのスピードでチームが成長し、それゆえに新たな課題に直面したシーズンでした。

攻撃力がどんどん上がって、それまでは相手をハーフコート(ピッチの半分)から出さないサッカーをしていたのが、センターバックまでもがセンターラインを越えて敵陣深くに侵入し、相手ペナルティボックス付近でサッカーをするようになったんです。練習でやっている以上のものが試合で出て、極端に押し込む状態が生まれました。

両サイドバックがペナルティボックスに走り込んで点を狙うのはもちろん、センターバックがワンツーをしてシュートを打つような感じです。

監督として選手たちにブレーキをかけることもできたかもしれませんが、私は「選手たちが急激に伸びて、見たことがないものが生まれようとしている。おもしろいぞ」と感じました。スピードを出しすぎたからアクセルを緩めようというのではなく、チームとして突き抜けたいと思いました。

ただ、ペナルティエリアの広さでサッカーをするようなものなので、求められる技術と身のこなしの速さのレベルが格段に上がりました。得点王のジョーでさえ、身長の高さゆえに、狭いエリアの速さについてこられなくなったほどです。高いレベルのサッカーになり、選手たちに負担をかけたのは間違いありません。

残念ながらあのサッカーで突き抜ける前に、私はグランパスを離れることになりましたが、J1を2連覇していたフロンターレにアウェーで1対1、ホームで3対0で勝ったように、選手たちの大きな可能性を示すことができた。素晴らしい時間でした。「等々力劇場」や「名古屋の風」のような特別な空間は、誰もが味わえるわけではない。そこに監督としていられたことに心から感謝しています。

第 6 章

日本サッカーの育成改革

日本サッカーの育成の問題点

Jリーグをさらに発展させるためには、日本代表をさらに強くするには、日本からもっと特別な選手を生み出さなければならないでしょう。

では、どうしたら特別な選手を生み出すことができるでしょう？

今、日本サッカーの育成で1つ大きな問題になっていることがあります。

それは早い段階で才能ある子供を1つのチームに集めすぎていることです。

ある地域にJリーグのクラブがあったとしましょう。そのクラブのジュニアユース（中学生年代）のチームは地域の子供をセレクションで選び、続いてユース（高校生年代）でさらなるタレントを集めます。

Jユースに誘われてもあえて名門高校サッカー部に行く選手もいますが、下部組織はプロへの近道というイメージがあるので、地域で有名な〝天才サッカー少年〟たちが集結します。

しかし、このやり方には大きな弊害があります。

「4番打者」の数が一気に減ってしまうんです。

野球では1チームにつき「4番」は1人ですよね。地域の小学校や中学校のうまい子を全員集めても4番の席は1つしかない。サッカーは野球のように打順が決まっているわけではありませんが、チームの中心に据えられる人数は限られている。

それに1つのチームにうまい子供を集めすぎると、自分の力を100出さなくてよくなってしまうんですね。弱いチームにいたら3人抜かなきゃいけなかったのが、周りがうまいのでワンタッチで全部できちゃう。これでは100の能力が150や200にならず、逆に80になってしまいます。

今の日本サッカー界は、1つのチームに集めるのが早すぎると感じます。本当の4番を決めるのはプロの段階でいい。漫画『キャプテン翼』でも、個性溢れる子供たちがいろんな学校に散らばっていることで、試合での対戦を通して切磋琢磨していきますよね。

スペインの強豪・セビージャの育成方法

この考え方のヒントになったのは、セビージャを取材した経験です。

チームのある、セビージャの街の人口は約70万人。当時クラブとしてパートタイムを含めて約40人のスカウトを雇っていたのですが、13歳の段階では子供たちを300人くらいのラージグループで考えていた。ときどき集めて一緒に練習し、再びそれぞれのクラブに戻る。全員を手元に置かず、各々の場所で伸びてもらう。そして15歳の段階で20人くらいに絞り込む。

彼らは早い段階で集めすぎない方がいいことをわかっていたんです。日本の場合、高校生の段階でもまだ絞らず、「将来の4番候補」をいろいろなチームに分散させるべきだと思います。

子供たちを大きなグループで考え、ときどき集まって刺激し合う。セビージャにはそんな仕組みがありました。

子供時代を思い出すと、昔の清水にも似たシステムがありました。週に1回、地域のうまい子供が集められて練習していた。いわゆる選抜チーム。それぞれのチームで中心にいる子供たちが、選抜で集まったら中心の座を激しく争う。自分のチームと選抜を行き来することで、いろいろな刺激と気づきを得られました。

Jのユースで1学年20人抱えても、たかが60人。「4番」はどんどん減ってしまう。地域全体で育てたら数百人を見られる。

セビージャのように、こういう仕組みはプロクラブが作るのがよいでしょう。たとえば日本だったら、Ｊクラブが高校サッカーの指導者とつながって地域を見る。

Ｊクラブとしては当然才能ある子供を中学生年代・高校生年代で集めたいと思うものですが、あえて集めず、地域の高校やクラブと協力して、その選手の個性を伸ばしていく。そして最終的に、プロチームでその才能を輝かせる。

利害関係はいろいろありますが、みんなが得するようにできるはずです。何より一番利益を手にするのは選手です。

「知恵」のある選手の育て方

実は日本だけでなく、世界的にも「4番打者」が減ってきている傾向があります。

たとえばブラジルから相変わらずたくさんのプロ選手が生み出されていますが、特別な選手の数は減っていますよね。世界の選手トップ10に常に5、6人が入っていたのが、今はネイマールくらいじゃないでしょうか。

なぜでしょう？　日本では「選手を早く集めすぎている」という問題がありましたが、ブラジルの場合、それとは別の問題が関係しているように思います。

サッカー界の環境の進歩です。

一昔前のブラジルでは、ストリートサッカーから強烈な個性のある選手が出てくると言われていました。しかし、今はどんどん環境が整い、小さな頃からサッカーの教育が始まっていると聞きます。自然のトレーニング場から、整備されたトレーニング場に変化した。一見素晴らしい進歩のように見えますが、サッカーという自由度の高いスポーツだとそれでは足りない。個性を育む鍵が、年齢、体格、場所を選ばないストリートサッカーにあったのではないでしょうか。結果として、特別な発想を持ったり、「知恵」を使って相手を出し抜いたりする選手が少なくなっているような気がします。

世界の人たちが見落としている分、日本は「知恵」にもっと焦点を当てていくべきだと思います。

エンターテインメント性という点でも、「知恵のある選手」は大事です。

みんなが戦術通りに動いて、完成された仕組みを見るのもおもしろいですが、それを型破りな選手が壊していくのもおもしろい。ファンが見たいのは、組織の完成度と型破りな選手の両方じゃないでしょうか。

サッカーは常に変わるので、ここからまた新しい流れが始まると思うのですが、それを日本から起こしたいじゃないですか。あえてヨーロッパや南米がしていない発想をすれば、日本にはチャンスがあると思います。

では、どうすれば「知恵」がある特別な選手を育てられるのでしょう？　私が育成で大事だと思っていることを6つ紹介したいと思います。

①「いつ」がわかると、「狙い」がわかる

サッカーにおいて「止める・蹴る」という基本技術はとてつもなく重要で、プロの世界でもそのレベルは選手によって天と地ほどの差があります。今ではJリーグでも選手たちが「止める・蹴る」の大切さをよく口にしているので、ファンにも浸透してきているのではないでしょうか。

そういう視点で試合を見ると、「あ、ボールが止まらず流れた。それで相手に寄せられてしまった」「ボールがピタリと止まったから、相手が飛び込めなかった」といったことを見抜けるようになると思います。

「止める・蹴る」を理解すると、次に見えてくるのが「いつ」というパスのタイミングです。

すぐに蹴れる最高の位置にボールが止まると、動き出すタイミングが非常にわかり

やすくなります。そしてその技術が正確ならば、それがチームの「いつ」になるのです。

逆にボールを制止できず少しでも流れてしまうと、「いつ」は壊れてしまう。動きで相手を破れたとしても、そこにボールは出てきません。だから「止める」の正確性が大事なんです。

指導者の視点に立って言えば、「止める・蹴る」がわかり「いつ」が見えるようになると、その前から受け手がどう相手を外しているのか、そしてパサーが相手の動きの何を見ているのかという「狙い」が見えるようになります。何度も言いますが、その大きな道標になるのが「止める・蹴る」がどこまで細かく見えているかということです。

これは指導者にとってものすごく重要ですよ。選手の意図を見抜くことができれば指導は変わります。

ある記事で読んだのですが、小野伸二はパスコースが見えすぎるくらいに見え、つい一番難しいところを狙ってしまい、失敗すると批判されるため、いつしか安全なパスを選ぶようになったそうです。そんな自分が嫌になり、サッカーを楽しめない時期があったと。

育成年代の選手にも似た選手がいるかもしれません。

指導者はどうアドバイスすべきでしょう？　私だったらこう言います。

「見えているんだったら、しっかり通そうぜ」

将来、中心になって欲しい選手には、「よくあそこが見えていたね」とか「よくトライしたね」と褒めるのは逆に失礼だと思うんです。

せっかく特別な目があるのだから、それを最大限生かさなかったらもったいない。

周囲の要求が高い基準を作っていくと思います。

そういう指導をするためにも、やはり指導者が見えていないとダメなんですよ。ただのパスミスだと思ってしまい、「無理すんな」と怒ったら逆に能力が落ちてしまう。

指導者は「止める・蹴る」「いつ・どう・何を狙ったか」を一度で見えるようにならなければなりません。これらはすべて一連の動作です。

②妨害されても目的を変えない

プレーは「決定と変更の連続」とよく言いますが、少し本質が見失われていないかなと思うことがあります。

たとえばスルーパスを出そうと思っていたところに、相手ＤＦが目の前に来たとしましょう。コースが消されたと思って、後ろにいる味方にバックパスすることははたして「変更」でしょうか？　いや、それは「逃げ」ですよね。

相手がコースを消してきても、「仲間にシュートを打たせたい」という最初の目標を実現するために、目の前のDFをドリブルで抜いてパスを出す。プレー選択を変えるけど、目的は変えない。これが本当の「変更」だと思います。

プレーは決定と変更の連続なんですが、そこで多くの選手が目的を変えてしまっている。これでは相手に脅威を与える選手にはなれません。

私はサンフレッチェ広島でプレーしているとき、ボールを持ったら必ずFWのイワン・ハシェックを見ていました。ハシェックも私がボールを持ったら、2人の間に敵が立ちふさがっても走り出していた。

ハシェックは私なら何としてでもパスを出すと信じてくれていたのでしょう。股の間を通すか。肩の上を通すか。ドリブルで抜いてから出すか。それが私たちの決定と変更でした。

逃げの変更ばかりしていたら、試合は終わってしまいますよ。会議だって「考え直して来週話しましょう」なんてやっていたら永遠に物事が決まらないですよね。

横槍が入ったら、どうやったらその横槍をなくせるだろうかと考える。それが変更です。

取られるよりマシと考えてバックパスするのは「知識」にしかすぎません。成功で終わらせたいと考えて工夫するのが「知恵」です。

過去の情報の中から選ぶ人と、自分の頭で考えられる人の違いです。

知恵を使って、ないものを自分で作る。それができれば、何がきても大丈夫と考えられるようになります。

③見る優先順位を作ると、見えるようになる

サッカーの指導の現場では「首を振れ」という言葉もよく聞きますが、これについても本質が見失われていると思います。

見えない選手は、結局、首を振っても見えないんですよ。まず取り組まなければならないのは、「見る」とは何かを理解することです。

サッカーにおける「見る」の第一段階は、ピッチのどこを意識して見るかの優先順位を持つことです。

ピッチではたくさんの出来事が起こっていますから、視野が180度あったとしても全部見ることなんてできません。何が大事かを考え、優先順位をあらかじめ持ち、

その方針のもとで見るべきなのです。

私だったら、先ほど言ったように、常にハシェックを見ていました。ボールを持っていないときもハシェックを見る。彼も私を見ている。いわゆるホットラインの関係です。

ハシェックを基準にして見ていると、もし他の場所が空いていたら、そこも自然と見えるようになる。「見る」という作業が「見える」という能力になるのです。

私はパスを出す直前には、守備者の足の甲を見ていました。重心がどちらにかかっているかを見るためです。これも優先順位ですよね。

視野を絞ると、より見えるようになるし、より判断も速くなる。この違いでサッカーはすべて変わってきます。

優先順位を作ったら、次にやるべきは「首を振らずに」体の向きを変えて視野を確保することです。たとえば半歩足を引いて体の角度を変える、という感じです。首を振るよりしっかり見えます。最初は「首を振らずに見よう」と言うくらいがちょうどいいんですよ。

これらができるようになって、初めて首を振ることに意味が出てきます。

④集団に隠れない。全員ちゃんとやる

サッカーはどんどん局面が展開していくため、最後にミスした選手だけにフォーカスが当たりがちです。

たとえばゴール前でGKと1対1になった選手が焦ってシュートを外したら、「ちゃんと決めろ！」と批判されますよね。

もちろんその選手はシュート練習をすべきですが、時計の針を巻き戻すと、彼にパスを出した選手のプレーは完璧だったのでしょうか？　トラップが50㎝ずれてパスを出すのが0・5秒遅れ、それによってGKが飛び出せたのかもしれない。さらにその前は？

最後の1人にミスを押し付けたら、他の選手は集団の中に隠れてしまうことになる。集団の中に隠れたら、技術も個人戦術も向上しません。

監督時代、私は選手によくこう言っていました。

「全員ちゃんとやろう！」

全員が「止める・蹴る」を正確に行い、「いつ・どう」動くかを工夫する。そうすると全員の目がそろって、止められないチームになるんですよ。

集団に隠れず、全員がちゃんとやっているか？　これがサッカーにおいてものすごく大事なことです。

⑤一番うまいやつに一番要求する

指導者の中には力が劣る選手を引き上げることで、チーム力を高めようとする人もいるでしょう。ただ、それでは限界があると思います。

集団のレベルは温度に似ています。高い温度と低い温度のものをくっつけたら、温度はその中間になる。自分たちの最高点を更新しようと思ったら、最高温度の選手を引き上げるしかないんですよ。

試合でチームメイトのミスで負けても、中心選手には「おまえがいてなんで勝たせられないんだ」と要求する。「おまえはちゃんとやっている」なんて慰めたら、チームとしても個人としても間違いなく力が落ちていきます。

全員を平等に扱って指導しようとすると、基準が狂い、結果的に全員にとって不利益になる。

レベルが上の選手に高い要求をして課題を与えれば、それ以外の選手も引っ張られ、全員がレベルアップします。

⑥継続と刺激

ここまで読んだみなさんならわかって頂けると思うのですが、サッカーの基本は実にシンプルです。

「止める」「蹴る」「運ぶ」「受ける」「外す」。いかに基本を高いレベルでやり続けるかが大事です。

ただ、シンプルなだけに継続することがなかなか難しい。壁にぶつかったり、上達スピードが足踏みしたりするので、飽きたり諦めたりしてしまうんですね。

「止める」なんて本当に単純作業に見えると思います。でも100回やって100回同じ場所に置ける選手はいるでしょうか？　常に同じ質のボールを蹴れるでしょうか？　目的が厳密で明確であれば、飽きるトレーニングにはならないはずです。

飽きるトレーニングにしてしまうのか、やり続けるトレーニングにできるのかは、指導者がどんな刺激を与えられるかにかかっています。

トラップの音を意識させたり、パスに回転がかかった場合を練習させたり、秒数を計って競争させたり。目的を保ったまま、いろいろなところに目を向けさせるのが大切です。

選手は負けず嫌いですから、やっているうちに意味に気づくと、言われなくてもやるようになる。私が指導したチームは、すべてのチームで選手たちが自主的に「止める・蹴る」のトレーニングをするようになりました。

どう伝えて、どうやり続けさせるか。指導者は「継続と刺激」を常に意識しなければなりません。

世界で1人だけの選手を生み出す

このような考えのもと、私は高校生年代までを対象にしたサッカースクール、中学生年代などのチーム活動をする「トラウムトレーニング」や、地域の小学生から大学生を集めて一緒に練習する「スペシャルトレーニング（スペトレ）」などを通して、育成に携わってきました。

そして光栄なことに、セレッソ大阪から声をかけて頂き、2021年1月に「セレッソ大阪スポーツクラブ技術委員長」に就任しました。セレッソのアカデミーの技術委員長です。

2020年までセレッソ大阪U－23監督だった丸山良明がアカデミーダイレクター

になり、グランパス時代にコーチをしてくれていた島岡健太がU－18監督兼技術リーダーに就任しました。U－15のコーチにはフロンターレ時代に指導した小松塁がいます。

私のミッションは2つあります。

1つは子供たちが育つ仕組みを作ること。プロを出すのは当たり前。チームの中心としてずっと活躍していけるような選手を出すのが目標です。

育成では才能ある子供を見つけることがとても大切です。セレッソのスクールには2000人以上の子供たちがいるので、才能を見落とさないようにこれまで以上にスクールを重視していきます。

「4番打者」を減らさないためには、地域との協力も不可欠。ありがたいことに地元の高校サッカー部の指導者も、すぐに会いに来てくれました。みんなで一緒にトレーニングする「スペトレ」のようなことを計画しています。

もう1つは指導者の育成です。技術を理解して、自分でデモンストレーションでき、イメージを言葉と映像で伝えられる。現代にはそんな指導者が必要です。私は就任直後からアカデミーとスクールの指導者のためのトレーニングを週1、2回のペースで始めました。

「止める・蹴る」にしても、何のためにそれが必要なのかを強調して取り組んでいます。ただ止めるだけで満足していないか？　ゴールを取るために「止める・蹴る」をつなげられているか？　相手が全力で取りに来ても「止める・蹴る」をできるか？　今はみんなの目をそろえている段階です。

今回、プロジェクトを始めるにあたり、あらためてプロ選手と指導者の定義を作りました。

【プロ選手の定義】プロ契約できただけの選手ではなく、世界で1人だけの選手である。

【指導者の定義】すべてを通してプロ選手を探し、創り出す人。

「今の当たり前」を変えていかなければいけません。なぜならサッカーは常に変化するものだから。

選手の個性を楽しみながら、近い未来を見つけられる、そんな場所ができればいいと思っています。

あとがき

一般的にサッカーの戦術論というと、システム論を考える方が多いのではないでしょうか。もちろんシステムも戦術の一つではあります。

標準的な戦術書を開くと、4-4-2と3-4-3が対戦したらどこにフリーの選手が生まれやすいか、攻撃のときにどんな配置で立つべきか、といったパターンの話に分量が割かれていると思います。ホワイトボードの上にマグネットを並べて説明するような内容ですね。

それに対して、本書にはフォーメーションの話はほとんど出てきません。

なぜか？　マグネット式の見方ばかりをしていると、気づかないうちに選手を「個性がない均質的なロボット」のように捉えてしまい、サッカーの本質である「駆け引き」を忘れてしまう恐れがあるからです。

本書で解説してきた、サッカーの「戦術」の肝を要約すると、左記のようになります。

・選手たちのつながりをフォーメーションではなく、「箱」の大きさで捉える。

・攻撃をパターンではなく、個人戦術が常につながり合体してできたグループ戦術として見る。
・センターバックを揺さぶると、相手の「箱」全体が壊れる。
・すなわち全員でセンターバックを攻撃するのが大事。

たとえば、応援しているチームの試合を観戦しているとき、以下の事柄を当てはめてみてください。うまくいっているときとうまくいっていないときの現象が浮かび上がってくると思います。

○ボールの近くに選手が集まり、相手を囲んでパスコースがたくさんある。
×攻撃のときに選手どうしが離れすぎ、パスコースが少ない。
○ゴール前を固められても、中央でフリーの選手をつくり、そこへパスできる。
×ゴール前を固められると、中央から逃げてサイドにしかパスを出せない。
○ボールが動くたびに、ＦＷがしつこく相手の背中側に回り込んでいる。

×ＦＷがボールウォッチャーになり、相手の視野内に留まっている。

○センターバックに仕掛け、相手のＤＦラインを下げさせている。

×相手のＤＦラインがしっかりそろい、相手が前向きに守備をできている。

例外を承知であえて極論すると、サッカーは「ペナルティエリア周辺の場所取りゲーム」だと思います。

相手ＤＦは一番使われたくない場所に立つ。

攻撃者はそこから相手ＤＦを動かそうとする。

ロメル・ルカクのように力ずくで相手を場所から押し出すＦＷもいれば、キリアン・エムバペのようにスピードで威嚇して相手を下げさせるＦＷもいる。ロベルト・レバンドフスキのように相手の背中側に立ち、隙間を見つけ出すＦＷもいます。

スタイルはそれぞれ異なりますが、彼らに共通して言えるのは「大事な場所から逃げず、人と戦う」ということです。

人と戦わず、大事な場所から逃げるＦＷにゴールは決められません。

ただし、相手DFも必死ですから、場所を空けられたとしても、フリーになれるのは一瞬です。相手のレベルが高くなればなるほど、プレーに許される時間は短くなる。感覚的には0・5秒くらいの世界です。

だからこそ「止める・蹴る」が大事なんです。

本書で何度も書いてきたように、1回のタッチでボールをどこにでも蹴れる位置に完全に静止させられると、味方の動き出しへの合図になる。パスの出し手と受け手の2人のタイミングが合うと、密集地帯へパスを通せます。

しかしフリーになれるのはおよそ0・5秒。パスの出し手はその間にボールを止めて蹴らなければならない。正確さから生まれる速さ。これこそが真のプレースピードなのです。

もし「止める・蹴る」が不正確だと、せっかく味方が狭い場所でフリーになっても、チャンスを生かせません。

また、「見る」能力も大事です。あらかじめボールから目を切って、どれだけ周囲を見ておけるか。事前に情報を得てプレーの優先順位を決めておければ、判断が速くなり、ボールを止めてから蹴るまでの時間を短縮できます。

これからのサッカーは、ますますプレースピードが上がっていくでしょう。第3章で書いた通り、バイエルン・ミュンヘンは、2021年夏にユリアン・ナーゲルスマンが新監督に就任して、ゴールを目指す速度が一気に上がりました。

以前までバイエルンはクロスも得意にしており、中央にパスコースがなかったらサイドにいる選手へパスをしていた。ところがナーゲルスマンになってから、選手があまりサイドに広がらず、ペナルティエリアの幅の範囲で選手が前向きのままボールを受けに来る。その連続によって最短距離でゴールに迫るシーンが多く見られるようになりました。

クロスには「前向きに走り出すタイミングを合わせやすい」というメリットがありますが、「ボールがサイドに動いている間に、相手DFに陣形を整える時間を与えてしまう」というデメリットもあります。

ナーゲルスマンのバイエルンはサイドを第一優先とせず、中央を取りにくるので、DFに体勢を整える時間も、周囲を確認する余裕も与えません。相手DFラインはバラバラのまま戻らざるをえない。すなわちレバンドフスキやトーマス・ミュラーが使える「背中」がたくさんできる。今、世界で最も「センターバックを攻撃する」という原則を徹底しているのは、バイエルンだと思います。

まだ日本では「ヨーロッパのサッカー」「世界のサッカー」という言葉をよく耳にします。しかし真に注目すべきは「ヨーロッパ」や「世界」ということではなく、それぞれのチームがそれぞれに合った戦術と個性を表現しているということ。参考にしながらもコピーするのではなく、オリジナルの視点を持つことが大事だと思います。外来語を拝借して議論するだけでは、いつまでもW杯優勝に手が届かないでしょう。

自分たちの言葉でサッカーを考える。

自分たちの視点でサッカーを見る。

日本から世界のどこにもないサッカーを創ろうじゃないですか。

風間八宏

ブックデザイン／水戸部功
構成／木崎伸也
イラスト／内山弘隆
DTP／美創

著者プロフィール

風間八宏
YAHIRO KAZAMA

1961年10月16日、静岡県生まれ。清水商業高校時代に79年のワールドユースに出場。筑波大学在学時に日本代表に選出される。卒業後、ドイツのレバークーゼンなどで5年間活躍後、89年にマツダ（現サンフレッチェ広島）へ加入。97年に引退後、桐蔭横浜大学サッカー部、筑波大学蹴球部、川崎フロンターレ、名古屋グランパスの監督を歴任。現在はセレッソ大阪の技術委員長および、サッカークラブ「トラウムトレーニング」の代表を務める。

風間八宏の戦術バイブル
サッカーを「フォーメーション」で語るな

2021年11月25日　第1刷発行

著　者　風間八宏

発行人　見城 徹

編集人　森下康樹

編集者　高部真人

発行所　株式会社 幻冬舎
〒151-0051 東京都渋谷区千駄ヶ谷4-9-7
電話 03(5411)6211(編集)
　　 03(5411)6222(営業)
振替 00120-8-767643

印刷・製本所　図書印刷株式会社

検印廃止

ISBN978-4-344-03838-7 C0095
幻冬舎ホームページアドレス　https://www.gentosha.co.jp/

この本に関するご意見・ご感想をメールでお寄せいただく場合は、
comment@gentosha.co.jpまで。